¡Ah, un mundo maravilloso
se abre ante nosotros!

HARCOURT SCHOOL PUBLISHERS

Villa Cuentos

Listos para el despegue

Autoras

Alma Flor Ada • F. Isabel Campoy

Harcourt

SCHOOL PUBLISHERS

www.harcourtschool.com

Villa Cuentos

Listos para el despegue

Harcourt
SCHOOL PUBLISHERS

www.harcourtschool.com

Tema 4
Sueña a lo grande

Contenido

 Música

 Estudios Sociales

 Estudios Sociales

🌎 **Estudios Sociales**

Tema 5
Juntos es mejor

Contenido

Tema 6

Busca y encontrarás

Contenido

Estrategias de comprensión

Antes de leer

Piensa en lo que ya sabes.
Examina las palabras y las ilustraciones antes de leer.

Establece un propósito.
Decide para qué lees cada texto.

Quiero leer un cuento para divertirme.

Mientras lees

Usa la estructura del cuento.

Piensa en la trama, el escenario y los personajes del cuento.

Usa organizadores gráficos.

Usa un mapa del cuento, una red o una tabla para comprender mejor lo que lees.

Verifica tu lectura.

Usa estrategias para verificar la comprensión, como hacer una lectura anticipada o volver a leer.

Haz preguntas.
Hazte preguntas y haz preguntas a
otros acerca de lo que estás leyendo.

Responde preguntas.
Responde las preguntas de tu
maestro para comprender mejor
lo que lees.

Después de leer

Resume.
Piensa en las ideas principales
de lo que leíste.

Haz conexiones.
Piensa si lo que leíste se
parece a algún otro texto que
hayas leído.

13

Tema **4** Sueña a lo grande

Música, Xavier Cortada

Contenido

Lección 16

CYNTHIA RYLANT

El señor Pérez y Tobías escriben el libro

ilustrado por
Arthur Howard

Entrevista
con la escritora Loreen Leedy

Entrevista

 **Escenario**

Todos los cuentos tienen personajes, un escenario y una trama. El **escenario** es el momento y el lugar en los que transcurre un cuento.

Lee este comienzo de un cuento. Busca palabras que indiquen el escenario.

Durante el invierno, a Daniel y a su perro Duque les encanta jugar en el patio.

Las palabras *durante el invierno* indican el momento. Las palabras *en el patio* indican el lugar.

Escenario	
Cuándo	Dónde
durante el invierno	en el patio

Lee este cuento. Busca las palabras clave que indican el momento en que transcurre el cuento.

El muñeco de nieve de Mía

Era sábado y Mía había hecho un muñeco de nieve cerca del granero, en la granja de su familia. ¡Había trabajado todo el día!

Ya era hora de cenar y ella tenía que agregarle una cosa más. Mía sacó una bufanda de su bolsillo.

—De esta manera no tendrás frío esta noche —dijo.

Escenario	
Cuándo	Dónde
• sábado	•
•	•
•	

www.harcourtschool.com/reading

Inténtalo

Vuelve a leer el cuento. ¿Qué palabras indican dónde transcurre?

Vocabulario

bonito

pensar

acogedor

título

encantador

además

Cómo ser poeta

Lo que me gusta de los poemas es que crean imágenes con palabras. Por eso quiero escribir un poema. Cuando mis padres lo escuchen, quiero que piensen que es **bonito**. Ahora tengo que **pensar** sobre qué voy a escribir.

Me sentaré en un sillón **acogedor** y echaré un vistazo a mi patio trasero, que está cubierto de nieve. Quizás vea un conejo saltando en la nieve. Escribiré sobre lo que vea y pensaré algún **título**.

Cuando miro hacia afuera, no veo un conejo, sino a mi perro, Fido. Está jugando en la nieve. Tomo un lápiz y escribo lo más rápido posible.

A mis padres les gusta mucho mi poema. Aplauden y dicen que es **encantador**, y que mis palabras les crearon muchas imágenes. ¡Eso es lo mejor que me podrían decir! **Además**, me van a llevar a patinar para celebrar. ¡Cómo me gusta ser poeta!

 www.harcourtschool.com/reading

Detectives de las palabras

 ¿En qué otro lugar puedes encontrar las palabras del vocabulario? Busca en tu revista favorita y presta atención a ver si escuchas esas palabras cuando veas tu programa de televisión favorito. Cuando veas o escuches una de las palabras, escríbela en tu diario de vocabulario y anota dónde la encontraste. ¡Feliz búsqueda de palabras!

CYNTHIA RYLANT

El señor Pérez y Tobías escriben el libro

ilustrado por
Arthur Howard

Ficción realista

Estudio del género

Un cuento de **ficción realista** narra una historia que podría suceder en la vida real. Busca

- personajes que se comporten igual que las personas en la vida real.

- un escenario realista.

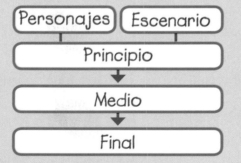

Personajes   Escenario

Principio

Medio

Final

Estrategia de comprensión

 Verificar la comprensión: Haz una lectura anticipada si no comprendes alguna parte del cuento.

El señor Pérez y Tobías escriben el libro

por CYNTHIA RYLANT

traducido por JUAN DIEGO CAMPOY

ilustrado por ARTHUR HOWARD

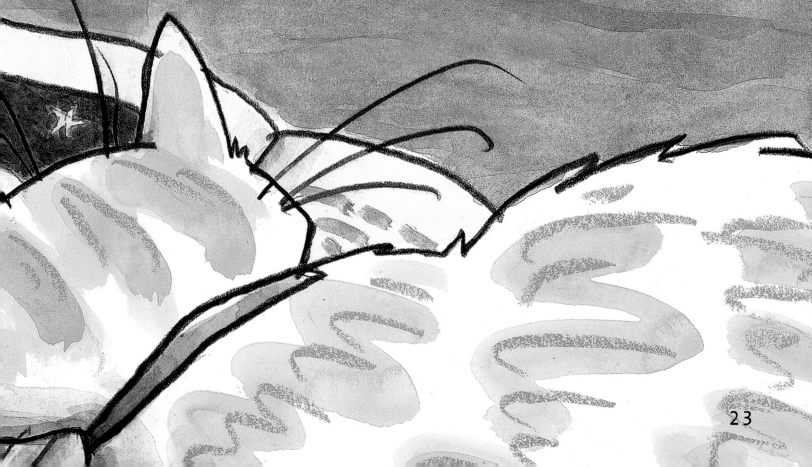

1
Una idea

En invierno, siempre caía una gran nevada en casa del Sr. Pérez. El señor Pérez y su exquisito gato, Tobías, disfrutaban de las grandes nevadas. Pero no podían salir cuando nevaba. Eran demasiado viejos. El Sr. Pérez podía resbalar y romperse un hueso. Tobías podía constiparse gravemente.

Sin embargo, no les importaba quedarse en casa, porque la casa del Sr. Pérez era muy acogedora. Tenía unas sillas lindas y cómodas. Tenía cojines de terciopelo. Tenía una chimenea. Estaba bien quedarse en casa cuando todo era tan suave, aterciopelado y acogedor.

Un día en que el Sr. Pérez y Tobías estaban en casa porque había caído una gran nevada, el Sr. Pérez tuvo una idea. Su idea era escribir un libro.

Tenía todo lo que un escritor necesita: una silla cómoda, un fuego acogedor y un buen gato. Y *además* tenía una pluma y abundante papel.

—Siempre he querido escribir una novela de misterio —dijo el Sr. Pérez a Tobías.

Así que sacó un montón de papel, encendió la chimenea, acomodó su silla y se preparó para empezar.

Lo primero era pensar en un título. Pensó y pensó y pensó.

Finalmente le dijo a Tobías:

—Titularé mi libro *El misterio del faro de la ensenada*.

Era un muy buen título. Lleno de misterio. De pequeño, el Sr. Pérez había leído muchos libros con títulos parecidos.

El Sr. Pérez estaba tan satisfecho que decidió
prepararse un aperitivo. Se metió en la cocina
y preparó una gran ensalada de manzana, una
bandeja de magdalenas de maíz, un pudín de
natilla y una bola de queso.

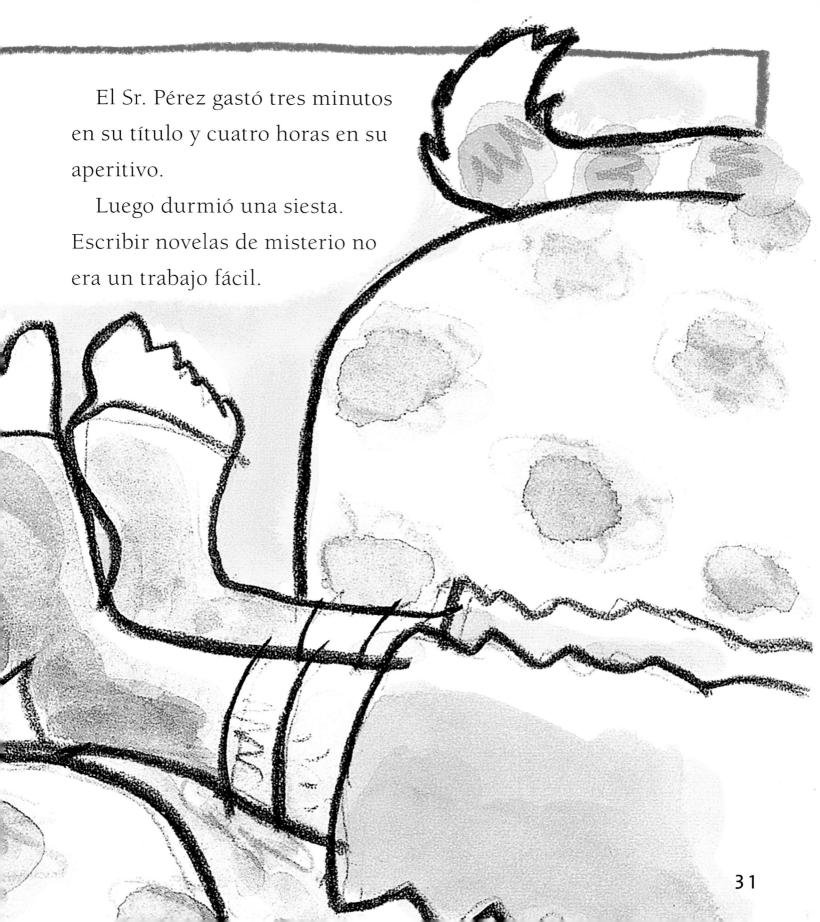

El Sr. Pérez gastó tres minutos en su título y cuatro horas en su aperitivo.

Luego durmió una siesta. Escribir novelas de misterio no era un trabajo fácil.

2

Capítulo uno

El segundo día en que era un escritor de novelas de misterio, el señor Pérez tomó con Tobías un gran desayuno de copos de avena y té. Luego se acomodó para volver a escribir. Pero primero tenía que avivar el fuego.

Luego tenía que limpiar las orejas de Tobías.

Luego tenía que encontrar un jersey.

Luego tuvo que poner su silla más cerca de la ventana. Luego tuvo que devolverla a su sitio.

Luego se acomodó de nuevo. Estaba preparado para escribir. El señor Pérez, mirando las paredes, se puso a pensar. Pensó y pensó y pensó otra vez.

Finalmente escribió: CAPÍTULO UNO.

Empezó a pensar un poco más. Mientras pensaba, miraba por la ventana.

Decidió prepararse un aperitivo. Fue a la cocina y preparó veinte huevos hervidos y un guisado de legumbres. El señor Pérez tardó un minuto en escribir CAPÍTULO UNO y tres horas en los huevos y el guisado.

Luego tomó un baño. Y luego una siestecita. Escribir novelas de misterio lo agotaba.

3

Cosas buenas

El tercer día en que era un escritor de novelas de misterio, el señor Pérez se despertó preparado para escribir de nuevo. Le gustaba ser un escritor listo para escribir.

Primero, él y Tobías comieron una tostada de canela y tomaron té. Luego, el señor Pérez acarició a Tobías y empezó a pensar. Miró por la ventana pensando. Miró su chimenea pensando. Miró a Tobías pensando.

COSAS BUENAS
Gatos amarillos
Jerseis viejos
Tostadas de canela
Largos baños
Buenos Perros
Lluvia

El señor Pérez pensó en cuán azul estaba el cielo. Pensó en cuán calentito se sentía el fuego. Pensó en cuán bonito era estar con Tobías. Pensó en tantas cosas buenas que comenzó a escribirlas. Escribió y escribió y escribió. El Sr. Pérez se pasó todo el día escribiendo.

Cuando finalmente dejó de escribir, la nieve se había derretido. El señor Pérez fue a la casa de al lado con Tobías para visitar a la Sra. Peralta y a su buen perro, Zeke. Luego cenaron calabaza frita en aceite.

Y luego el señor Pérez leyó *Cosas buenas*. Cuando terminó, la Sra. Peralta dijo que era "encantador". Dijo que el Sr. Pérez era un escritor maravilloso. Y que ella podía escucharlo toda la vida.

—Yo quería escribir *El misterio del faro de la ensenada* —dijo tristemente el Sr. Pérez—. Pero en su lugar escribí *Cosas buenas.* Y comí demasiado y tomé muchas siestas.

La Sra. Peralta le dijo que no se preocupara. Dijo que el mundo está lleno de escritores de novelas de misterio. Pero los escritores de cosas buenas son escasos y aparecen sólo de vez en cuando.

Entonces el señor Pérez no se
sintió tan triste. No se sintió triste en
absoluto. En realidad estaba encantado.
(A cualquier escritor le encanta una
buena crítica.)

Para celebrar la buena crítica y los
buenos vecinos, el Sr. Pérez invitó a
la señora Peralta, a Tobías y a Zeke a
tomar un batido de vainilla.

Y el señor Pérez lo pasó tan bien y pensó en tantas cosas buenas que no podía esperar a que cayera otra buena nevada . . .

. . . para poder ser de nuevo un escritor.

Pensamiento crítico

1 ¿En qué se diferencian el escenario de este cuento y el escenario de "El gran bigote tupido"? ESCENARIO

2 ¿Por qué el Sr. Pérez hace otras cosas en lugar de escribir su libro de misterio?

SACAR CONCLUSIONES

3 ¿Por qué el Sr. Pérez comienza a escribir una lista de cosas buenas? DETALLES IMPORTANTES

4 ¿Por qué la autora repite la palabra "pensó" tantas veces? TÉCNICA DEL AUTOR/ELECCIÓN

DE PALABRAS

5 **ESCRIBE** ¿Sobre qué cosas buenas crees que escribirá el Sr. Pérez la próxima vez? Incluye detalles del cuento en tu respuesta. RESPUESTA BREVE

Conoce a la autora
Cynthia Rylant

Cynthia Rylant ha escrito muchos libros acerca del Sr. Pérez y su gato Tobías. ¿Cómo se le ocurren las ideas?

—Muevo los muebles de mi casa. Como galletas. Muevo los muebles nuevamente —nos cuenta.

Eso se parece mucho a lo que hace el Sr. Pérez.

Conoce al ilustrador
Arthur Howard

Arthur Howard ha dibujado durante toda su vida. Durante siete años, actuó en un programa de televisión para niños. Luego, decidió volver a su primer amor: ser ilustrador.

 www.harcourtschool.com/reading

43

Entrevista
con la escritora Loreen Leedy

Entrevista

Entrevista con la escritora
Loreen Leedy

Después de leer "El Sr. Pérez y Tobías escriben el libro", muchos niños quieren conocer mejor el trabajo de un escritor. Nuestra entrevistadora conversó con Loreen Leedy, una escritora e ilustradora, para que nos cuente cómo es su trabajo.

Personaje

Entrevistadora: ¿Qué cosas escribía y dibujaba cuando era pequeña?

Leedy: Escribía historias sobre cosas reales que pasaban. También inventaba cuentos. Me gustaba dibujar animales, sobre todo caballos.

Entrevistadora: En el cuento "El Sr. Pérez y Tobías escriben el libro", parece que al señor Pérez le cuesta pensar en algo sobre lo cual escribir. ¿Le pasa a usted esto? ¿Qué hace cuando le pasa?

Leedy: Eso normalmente no me pasa. Pero si alguna vez me quedara atascada, podría mostrarle lo que estoy haciendo a un amigo. Es posible que mi amigo me ayude a pensar en ideas nuevas.

44

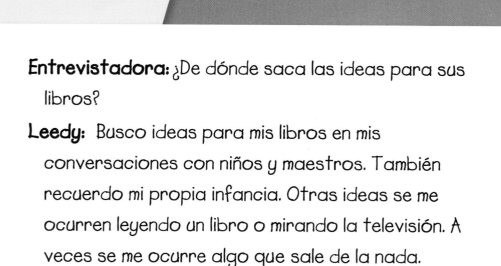

Entrevistadora: ¿De dónde saca las ideas para sus libros?

Leedy: Busco ideas para mis libros en mis conversaciones con niños y maestros. También recuerdo mi propia infancia. Otras ideas se me ocurren leyendo un libro o mirando la televisión. A veces se me ocurre algo que sale de la nada.

Entrevistadora: ¿Le gusta escribir cuentos de ficción o de no ficción?

Leedy: Me gusta escribir libros donde se mezcla la ficción y la no ficción. Mis libros contienen hechos reales, pero los personajes y los lugares son inventados.

Entrevistadora: ¡Gracias por conversar conmigo!

Leedy: De nada. ¡Mucha suerte con tus cuentos y tus ilustraciones!

Loreen Leedy

Enlaces

Comparar textos

1 Piensa en el cuento del señor Pérez y en la entrevista a Loreen Leedy. ¿En qué se parecen? ¿En qué se diferencian?

2 ¿Qué tipos de textos has intentado escribir?

3 ¿Cómo hacen los escritores para mostrar su trabajo?

Fonética

Hacer una tabla

Escribe en una tabla *casa, queso, quitar, cosa* y *cura*. Luego, escribe otras palabras con *ca, que, qui, co* y *cu* en las columnas correspondientes. Lee tus palabras a un compañero.

casa	queso	quitar	cosa	cura
cara				

Práctica de la fluidez

Leer con sentimiento

Túrnate con un compañero para volver a leer el cuento, una o dos páginas por vez cada uno. Modifica tu entonación para mostrar cómo se siente el señor Pérez en cada parte que lees.

Escritura

Escenario

Al señor Pérez le gusta escribir en su casa durante el invierno. ¿Cuándo y dónde te gusta escribir a ti? Describe el escenario. Usa una tabla de escenario como ayuda.

Escenario	
Cuándo	Dónde

Mi lista de cotejo

Característica de escritura → Organización

✔ Uso una tabla de escenario para planear mi escritura.

✔ Explico cuándo y dónde me gusta escribir.

Cuento

Los buenos **cuentos** tienen personajes atractivos, un principio interesante y un buen final. Escribí este cuento después de leer "El señor Pérez y Tobías escriben el libro".

Ejemplo de escritura

<u>El lápiz rojo</u>
por Darío

Pablo fue a la casa de su amigo Leo a jugar a la pelota.

—No puedo jugar —dijo Leo—. Tengo que entregar un informe mañana y todavía no sé *cómo empezarlo.*

Pablo le dijo a Leo que podía usar su lápiz rojo especial. Estaba seguro de que lo ayudaría.

Leo lo intentó. Y una vez que *comenzó* a escribir, ¡no pudo parar!

Por último, Pablo dijo:

—Tengo un lápiz especial que te ayudará a terminar.

Leo lo miró.

—¿Dónde está?

Rápidamente, Pablo le sacó el lápiz rojo de las manos.

—¡Aquí! —dijo Pablo.

Leo se rió. Y los dos salieron a jugar a la pelota.

Característica de escritura

ORGANIZACIÓN Los cuentos tienen personajes realistas o fantásticos y un escenario. Además tienen un principio, un medio y un final.

Característica de escritura

ELECCIÓN DE PALABRAS Uso palabras atractivas para que mi cuento sea más interesante.

Así escribo mis cuentos.

1. Reviso cuentos que conozco. Pienso en lo que pasa en esos cuentos y cómo actúan los personajes. Además, pienso cosas que me han pasado a mí.

2. Pienso diferentes ideas. Hago una lista o uso una red.

> Paseo por el centro comercial con mi papá
> Paseo en bicicleta por el parque
> Juego de matemáticas en la casa de Elena
> Un lápiz especial

3. Elijo una idea para escribir sobre ella. Encierro en un círculo la idea que creo le resultará más interesante a mis lectores.

> Paseo por el centro comercial con mi papá
> Paseo en bicicleta por el parque
> Juego de matemáticas en la casa de Elena
> Un lápiz especial

4. Completo un mapa del cuento. Esto me sirve para planificarlo.

Personajes	Escenario
Leo Pablo	casa de Leo después de la escuela

Principio
Leo no puede jugar a la pelota porque no logra comenzar a escribir su informe.

Medio
Pablo le presta a Leo un lápiz especial. Después Leo no puede dejar de escribir.

Final
Pablo le quita a Leo su lápiz especial. Los dos salen a jugar a la pelota.

5. Escribo mi cuento. Lo reviso y le pongo un título.

Uso esta lista de cotejo cuando escribo cuentos. Tú también puedes usarla cuando escribas cuentos.

Lista de cotejo para escribir un cuento

- ☐ Escribo al principio quiénes son los personajes y cuál es el escenario.

- ☐ Escribo un principio interesante. Para esto digo enseguida cuál es el problema.

- ☐ En el medio, escribo lo que le pasa a los personajes. Digo lo que hacen y cómo se sienten.

- ☐ Uso adjetivos para que mi texto sea más claro.

- ☐ Al final, digo cómo se resuelve el problema.

- ☐ Para que el final sea interesante, agrego una pequeña sorpresa.

Contenido

52

Lección 17

Ficción realista

El talento de Anita
por Angela Shelf Medearís

Sara entra en un cuadro
por Susan Katz

Poesía

Escenario

El **escenario** es el tiempo y el lugar en los que transcurre un cuento. El cuento puede durar mucho o poco tiempo. También puede desarrollarse en uno o más lugares.

A medida que lees, busca detalles que indiquen cuándo y dónde transcurre el cuento. Esta tabla muestra algunos detalles del escenario que podemos buscar en los cuentos que leemos.

Escenario	
Cuándo	Dónde
Estación del año	Ciudad
Día de la semana	Calle
Momento del día	Lugar exacto

Piensa por qué el escenario es importante en los cuentos. Pregúntate cómo cambiaría un cuento si tuviera otro escenario.

Lee este cuento. ¿Qué palabras indican dónde transcurre?

El ruido del señor Fernández

El señor Fernández hace ruido al caminar. Eso es porque siempre lleva muchas monedas en sus bolsillos. No va a ningún lado sin sus monedas de un centavo, de cinco centavos, de diez centavos y de veinticinco centavos.

El señor Fernández necesita monedas de veinticinco centavos para el autobús que toma por las mañanas. Usa monedas de diez centavos para comprar el periódico a la hora del almuerzo. Le da monedas de cinco centavos al panadero para comprar pan fresco para la cena. Al final del día pone sus monedas de un centavo en un frasco. Cuando el frasco está lleno, lo dona a un refugio de animales de la ciudad.

Escenario	
Cuándo	Dónde

Inténtalo

Vuelve a leer el cuento. ¿Qué palabras indican dónde transcurre?

www.harcourtschool.com/reading

Vocabulario

- excepto
- instrumento
- aullido
- practicar
- pisadas
- alegre

El violín de Cora

La familia de Cora tocaba muchos instrumentos. Tocaban todos los instrumentos, **excepto** el violín. Cora quería ser diferente, por eso empezó a tomar clases de este bello **instrumento**.

En la primera clase, Cora sacaba del violín unos sonidos horribles, casi como un grito o un **aullido**. A veces ella dejaba de **practicar** y se alejaba dando fuertes **pisadas**, señal de que estaba muy desilusionada.

Ahora, Cora puede tocar hermosas canciones. Le gusta tocar para su familia y entretenerlos.

Un día, Cora y su maestra, la Srta. Méndez, estaban tocando una **alegre** melodía. De repente, el violín de Cora hizo un sonido raro. Pronto vieron la causa: una cuerda se había roto.

Más tarde, después de haber arreglado el instrumento, Cora reía. ¡Por fin volvería a tocar bellas canciones!

Campeones de las palabras

Esta semana tienes que usar las palabras del vocabulario al hablar con otras personas. Por ejemplo, cuéntale a un compañero si conoces a alguien que toca un **instrumento** musical. Cada día, anota en tu diario del vocabulario las oraciones que has usado.

 www.harcourtschool.com/reading

Autora premiada

El talento de Anita
por Angela Shelf Medearis

Ficción realista

Estudio del género

Un cuento de **ficción realista** narra una historia que podría suceder en la vida real. Busca

- personajes que se comporten igual que las personas en la vida real.
- un escenario realista.

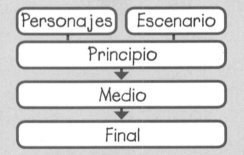

Personajes | Escenario
Principio
↓
Medio
↓
Final

Estrategia de comprensión

Verificar la comprensión: Haz una lectura anticipada si no comprendes alguna parte del cuento.

El talento de Anita

por Angela Shelf Medearis

ilustrado por Anna Rich

Había una vez una familia a la que le encantaba la música. Todas las mañanas, los hijos, Luis, Paloma y Anita, escuchaban música. El piso temblaba con las pisadas que daban al compás del ruidoso bajo. Y así bajaban bailando hasta la calle para subir al autobús.

Los niños se iban a la escuela y la madre ponía la radio. Y mientras sorbía su café, bailaba al dulce compás de la música.

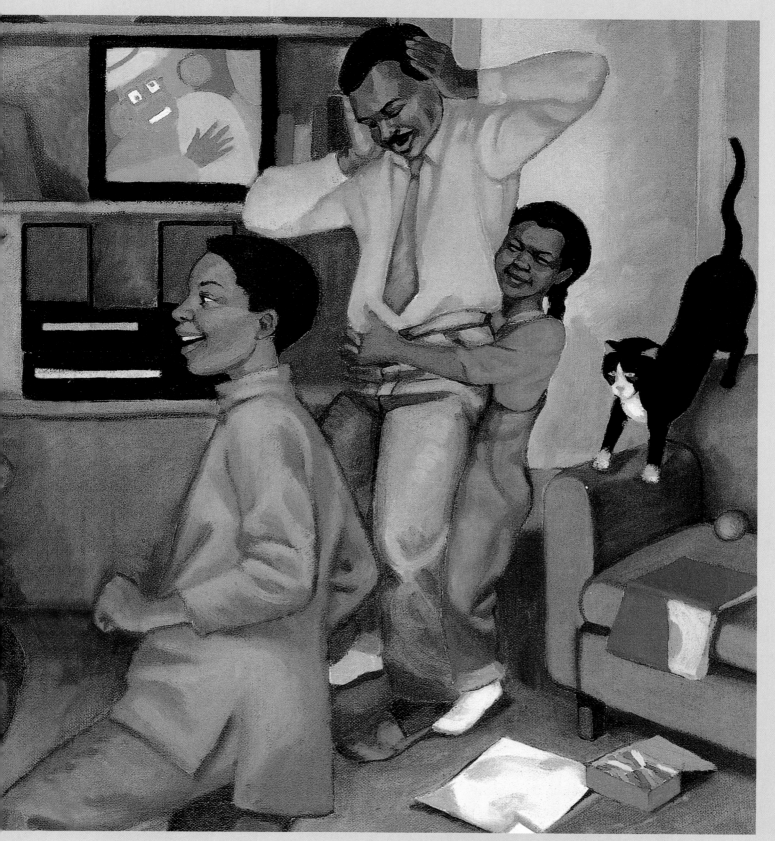

Todas las noches, después de que los niños se iban a dormir, el padre le decía a la madre:

—¡Ven, cariño! Vamos a bailar una canción.

Y juntos bailaban, muy despacio, una pieza sentimental de *blues* de las que a él tanto le gustaban.

63

A Luis le gustaba tanto la música
que se anotó en la banda de la escuela.
Anita pensaba que a Luis se lo
veía muy guapo con su uniforme de
brillantes botones de metal. La música
que Luis tocaba se parecía a la del
circo. Cuando Luis tocaba la trompeta,
Anita aplaudía y daba golpecitos con
los pies en el suelo.

Paloma también tenía mucho talento para la música. Cada vez que Paloma tocaba el piano, Anita pensaba en hermosos colores, en una suave lluvia y en las flores de primavera. Paloma tenía además una voz melodiosa. Cuando había visitas, cantaba para los invitados.

—¡Bravo! ¡Bravo! —aplaudían los invitados después de la actuación.

Anita decidió que ella también tocaría un instrumento.

Un día, la profesora de música de la escuela de Anita, la Srta. Rosario, repartió algunos instrumentos entre la clase. A Anita le tocó la flauta.

Durante meses, la clase practicó una canción. Todos tocaban su parte a la perfección; todos, excepto Anita. Cuando Anita soplaba, la flauta chirriaba como las gallinas a la hora de la comida.

—Creo que la flauta no es un instrumento para ti —dijo la Srta. Rosario.

—Creo que tiene razón —dijo Anita—. Quizás podría tocar el violonchelo.

—Vamos a intentarlo —dijo la Srta. Rosario—. Te enseñaré a tocarlo.

69

Cuando la Srta. Rosario tocaba el violonchelo, se escuchaba un sonido cálido y alegre, como la música de un carrusel. Pero cuando le tocaba el turno a Anita, el sonido que salía del instrumento se parecía más bien al aullido de un coro de gatos callejeros.

—Vaya —suspiró la Srta. Rosario frotándose los oídos—. Anita, querida, la verdad es que no creo que éste sea un instrumento para ti. ¿Te gustaría hacer una pancarta y algunos carteles anunciando nuestra presentación?

—Está bien —dijo Anita.

Estaba decepcionada, pero a ella le encantaba dibujar. Anita se puso a dibujar mientras los demás practicaban.

Esa noche, Anita tomó la trompeta de Luis y se puso a tocar. De la trompeta salió un sonido como el de un elefante con gripe. Luis le rogó que parara. Anita se sintió ofendida, pero guardó la trompeta.

—Me gustaría que hubiera un instrumento que yo pudiera tocar —le dijo Anita a su madre.

—¡Pues ya verás que sí! —le dijo la madre—. ¡Vamos a comprar un piano y todos van a tomar clases!

Poco tiempo después llegó un hermoso piano a la casa de Anita. Estaba hecho de caoba oscura y reluciente. Anita miró con cuidado bajo la tapa del piano mientras Paloma tocaba una canción. Decía *Melody Maker* en hermosas letras doradas.

Esa semana, los tres niños empezaron a tomar clases de piano con la Srta. Katia. Después de cada lección, la Srta. Katia les daba una nueva partitura para practicar.

Paloma y Luis tocaban muy bien. La Srta. Katia siempre les decía que tenían mucho talento.

Pero cuando Anita tocaba el piano, la sonrisa de la Srta. Katia se transformaba en un gesto de disgusto. Las notas bajas sonaban como la bocina de un camión, las medias como un coro de ranas croando y las altas como el llanto de un bebé.

Un día, Anita quiso cantar y tocar el piano para los invitados de sus padres. Su actuación hizo que todos se retorcieran en sus asientos. Anita estaba tan avergonzada que subió a su habitación y se puso a llorar. No podía tocar la flauta ni el violonchelo. No podía tocar el piano ni cantar ni tocar la trompeta. Anita nunca se había sentido tan triste en su vida.

A veces, cuando estaba triste,
Anita se ponía a escribir poemas para
animarse. Esta vez decidió escribir
una poesía sobre la música.

Adoro las melodías
y practico todos los días.
Y aunque me esfuerzo y lo intento,
cuando toco un instrumento,
todos creen que es un lamento.

Esa noche, Anita puso su poesía
sobre la almohada de su padre y se fue
a dormir.

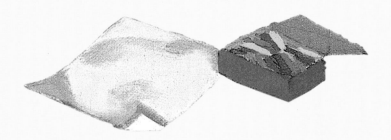

Por la mañana, los padres de Anita
hablaron un largo rato con ella.

—No puedo hacer nada bien —dijo Anita
con un suspiro.

—Claro que puedes —dijo su padre—.
Hay muchas cosas que puedes hacer.

—¿De verdad, papá? —preguntó Anita.

—Por supuesto —dijo su madre—. No
todo el mundo puede cantar y tocar el piano
como Paloma. No todo el mundo puede tocar
la trompeta como Luis. Él tiene talento
para eso. Y no todo el mundo puede escribir
poemas como los tuyos o hacer los dibujos
que tú haces.

—Nunca lo había pensado —dijo Anita—.
No puedo cantar ni tocar un instrumento,
pero puedo hacer *muchas* otras cosas.

Ahora, si por casualidad pasas por la casa de
Anita, es posible que oigas a Paloma tocando el
piano y cantando. A lo mejor oyes a Luis tocando la
trompeta. Pero si te detienes y escuchas con mucha,
mucha atención, puedes oír a Anita con . . .

¡su radio!

Cuando tiene ganas de reír y dibujar, Anita escucha música alegre y con mucho ritmo. Cuando escribe poesías, escucha melodías suaves y dulces. En su radio, Anita puede encontrar toda la música que desee.

Anita todavía no puede tocar el piano ni cantar como Paloma ni tocar la trompeta como lo hace Luis.

Pero Anita ya sabe que lo que más le gusta en el mundo es hacer dibujos y escribir poemas. Y es que Anita tiene talento para escribir y dibujar.

Pensamiento crítico

1. ¿En qué se parece el escenario de este cuento al escenario de "El Sr. Pérez y Tobías escriben el libro"? ESCENARIO

2. ¿Cómo sabes que la música es importante para la familia de Anita? SACAR CONCLUSIONES

3. ¿Cómo se siente Anita cuando se entera de cuál es su talento? EMOCIONES DE LOS PERSONAJES

4. ¿Por qué crees que la autora dice que la música de Anita suena como ruidos que hacen los animales? TÉCNICA DEL AUTOR/IMÁGENES

5. ESCRIBE Anita no se da por vencida fácilmente. Usa detalles del cuento para explicar que Anita se esfuerza para lograr sus objetivos. RESPUESTA DESARROLLADA

Conoce a la autora
Angela Shelf Medearís

"El talento de Anita" está basado en la vida de Angela Shelf Medearis. Ahora que ha descubierto su talento, ella también escribe todo el tiempo.

A Angela Shelf Medearis le gusta hacer reír a los niños. ¿Qué parte del cuento te hizo reír?

Conoce a la ilustradora
Anna Rích

Anna Rich comenzó a dibujar cuando era una niña y no ha dejado de hacerlo desde entonces. Ha ilustrado muchos libros para niños, incluyendo otros dos libros de Angela Shelf Medearis.

A Anna Rich le gusta tejer, coser y, por supuesto, pintar. Dice que siempre que lee, se le ocurren imágenes que luego dibuja.

 www.harcourtschool.com/reading

Poesía

Sara entra en un cuadro

por Susan Katz
ilustrado por R. W. Alley

Si entrara
en aquel cuadro,
pasaría rápido por donde están los adultos
adormilados en sus sillas
e iría deprisa a la mesa,
donde aquel niño trata de alcanzar
algo que desde aquí no puedo ver.
¿Una casa de juguete? ¿Un tren?
¿Un juego de pinturas?
Quizás me detendría
a jugar con él por un rato.
Y luego subiría
por esa curva escalera marrón
para averiguar qué
escondió allí el pintor.

89

Enlaces

Comparar textos

1. ¿En qué se parecen "El talento de Anita" y "Sara entra en un cuadro"? ¿En qué se diferencian?

2. ¿Cuál querrías que fuera tu mayor talento? ¿Por qué?

3. ¿De qué disfrutan más tus compañeros de clase? ¿De la música, de la pintura o de la escritura? Explica tu respuesta.

Fonética

Adivinar la palabra

Trabaja en grupo escribiendo en tarjetas palabras con *v* y palabras con *b*. Luego, mezcla las tarjetas y sitúalas boca abajo. Túrnense para sacar una tarjeta cada uno y dar claves acerca de la palabra. El que adivine la palabra debe silabearla en voz alta y decir si se escribe con *b* o con *v*.

bota

Práctica de la fluidez

Leer con un compañero

Representa junto a un compañero un fragmento de "El talento de Anita". Piensa en las palabras más importantes de cada oración y léelas de manera clara y precisa.

Escritura

Escribir acerca del escenario

Escribe en una tabla algunos detalles del escenario de "El talento de Anita". Luego, usa tu tabla como ayuda para escribir una descripción del escenario. Muestra a un compañero lo que escribiste.

Mi lista de cotejo

Característica de escritura → Organización

✔ Mi descripción sigue un orden lógico.

✔ Uso una tabla de escenario para planear mi escritura.

Escenario	
Cuándo	Dónde

Contenido

No ficción

¡Oh, la música!

escrito e ilustrado por Aliki

Vengan niños, aquí están sus canciones

POR ROBERT LOUIS STEVENSON

Poesía

Destreza fonética

Palabras con *z, s* y *ce, ci*

Observa las fotos. Busca las letras *z* y *s* en la palabra que aparece debajo de cada foto. ¿La sílaba con la letra *z* o *s* aparece al principio o al final de la palabra?

zanja   **taza**   **queso**

Observa las fotos. Busca las sílabas con *ce* y con *ci* en la palabra que aparece debajo de cada foto. ¿La sílaba con la letra *c* aparece al principio o al final de la palabra?

cima   **cebra**   **ceja**

Ahora, lee estas palabras más largas.

zapato   **cilindro**   **osito**   **celoso**

Señala en cada palabra la sílaba con *z, s, ce* o *ci.*

94

Lee las palabras de la izquierda. Di qué palabra de la derecha tiene las mismas letras que están subrayadas en la palabra de la izquierda.

	ta<u>za</u>	caza cara
	ca<u>s</u>a	cama caso
	<u>ce</u>mento	comento ceder

www.harcourtschool.com/storytown

Inténtalo

Lee la palabra de la izquierda. Di qué palabra de la derecha tiene la misma sílaba que está subrayada en la palabra de la izquierda.

to<u>ci</u>no   decente
cariño
decido

música

aliviado

ritmo

volumen

crear

expresión

Los sonidos de la música

Mi abuelo y yo amamos la **música**, pero tenemos un problema: no nos gusta el mismo tipo de música. Siempre que el abuelo deja de escuchar su música favorita, yo me siento **aliviado**. No me gusta la ópera.

Pero al abuelo no le gusta el **ritmo** de la música moderna que yo escucho. Cuando subo el **volumen**, él gruñe y se va de la habitación. Entonces mi mamá me dice que use los auriculares. Eso no me molesta, porque así escucho mejor.

Un día, mi mamá nos dio una sorpresa a los dos. Nos trajo dos entradas para una función de ópera y otras dos para un concierto de música pop. Ella quería que comprendiéramos todo lo que se puede **crear** desde ambos estilos de música.

Me reí mucho cuando vi la **expresión** de mi abuelo. ¡Para mí no era claro si él quería reírse o llorar!

En Internet www.harcourtschool.com/reading

Escribientes

 Esta semana debes usar las palabras del vocabulario en tu escritura. Por ejemplo, puedes escribir una nota que diga "Me siento **aliviado** de que hoy no tengamos mucha tarea". Al final de cada día, anota en tu diario del vocabulario las oraciones que usaste.

No ficción

Estudio del género

Un texto de no ficción ofrece datos sobre un tema. Busca

- ideas principales y detalles.

- subtítulos que indiquen de qué trata cada sección.

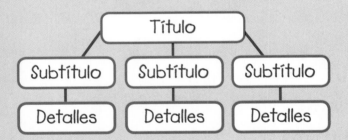

Estrategia de comprensión

 Contesta preguntas buscando la información en diferentes partes del texto.

¡Oh, la música!

escrito e ilustrado por

Aliki

traducido por Juan Diego Campoy

Música para tocar y cantar

99

La música es sonido

Si tarareas una tonadilla,   tocas un instrumento

o haces palmas
marcando el ritmo,

estás creando música.
También la estás escuchando.

La música es ritmo

Es el compás al que se hacen palmas.

El ritmo es el compás en la marcha de una banda, el compás del resoplido de un tren,

del tintineo al batir los huevos, de los latidos del corazón. El compás de algunos ritmos es más fuerte que el de otros. Hasta podrías contar los acentos.

Quienes no pueden oír pueden, sin embargo, sentir la vibración del compás.

La música es melodía

Es la tonadilla que puedo tararear

o la canción que puedo cantar,
si a las palabras se les ha puesto música.
A menudo, esas palabras son poesía.

La música es volumen

Es el ruido o la suavidad del sonido.

Shhh.

La música es sentimiento

Crea un estado de ánimo.

La música no habla con palabras, como en una canción.

La música habla con expresión.

Todo el mundo puede entender la música porque todo el mundo tiene sentimientos.

La música puede hacer que te sientas feliz o triste o asustado.

Puede hacer que quieras bailar, marchar, cantar o estar en silencio y soñar.

¡Oh, la música!

Aquí nos sentaremos y dejaremos que el sonido de la música se deslice por nuestros oídos.

Eso lo dijo Shakespeare.

Cuando escucho música, puedo ver imágenes en mi mente.

Imagino que oigo el canturreo de los pájaros.

Oigo caer el agua fría de una catarata.

Veo una luminosa salida de sol.

Veo la espantosa selva oscura.

Oigo el ruido de una ciudad.

La música es un arte creativo

De la misma manera que un escritor
utiliza palabras

o un pintor usa sus pinceles,

el compositor utiliza la música
para crear imágenes y sentimientos.
La escribe en notas, símbolos y números
sobre líneas y espacios.
Las anotaciones describen el ritmo, el tono,
la altura, el sentimiento e incluso
los silencios de la pieza musical.

La práctica hace maestros

Creamos música.

Hacer música es un entretenimiento difícil.

Se requiere mucha práctica

para aprender a tocar un instrumento.

Pero cuando aprendes, nunca se te olvida.

Ésa es la parte más difícil.

Ésta es la parte más entretenida.

A medida que practicas y aprendes,

empiezas a crear hermosos sonidos.

Los ensayos se hacen divertidos.

Aprendes nuevas piezas para tocar.

Te sientes orgulloso.

Tu profesor de música dice

que tocarás en un recital.

Tocarás para un público.

*El metrónomo ayuda
a marcar el compás.*

La actuación

Debe estar nerviosa.

En el recital te ha llegado el momento
de tocar. Todo el mundo te mira.

Tú te concentras.
Lo haces lo mejor que puedes.

Cuando acabas, todo el mundo aplaude.
Suena como el romper de las olas.
Se siente bien. Haces una reverencia.
Te sientes aliviado y muy orgulloso.

Lo celebras.
Todo el mundo dice que lo hiciste bien.
La próxima vez lo harás incluso mejor
porque estás aprendiendo más cada día.
La práctica hace maestros.

La música es para todo el mundo

Pensamiento crítico

1 ¿Debajo de qué subtítulo buscarías ejemplos de ritmo? 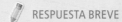 LOCALIZAR INFORMACIÓN

2 ¿Cómo puede sentirse uno cuando escucha música? DETALLES IMPORTANTES

3 ¿Qué crees que quiere decir la autora con la frase "Hacer música es un entretenimiento difícil"? SACAR CONCLUSIONES

4 ¿Por qué crees que es importante tocar en un recital? SACAR CONCLUSIONES

5 **ESCRIBE** ¿En qué se parecen un compositor, un escritor y un pintor? Incluye detalles del texto en tu respuesta.

RESPUESTA BREVE

110

Conoce a la autora e ilustradora

Aliki

Desde que era pequeña, Aliki ha anotado sus sentimientos en un diario. Afirma que esta práctica le resultó muy útil cuando se convirtió en escritora.

Aliki tardó más de tres años en escribir y dibujar "¡Oh, la música!". Para hacerlo, tuvo que estudiar mucho sobre música y sobre cómo son los diferentes instrumentos.

En Internet www.harcourtschool.com/reading

Poesía

Vengan niños, aquí están sus canciones

POR ROBERT LOUIS STEVENSON
TRADUCIDO POR F. ISABEL CAMPOY
ILUSTRADO POR VLADIMIR RADUNSKY

Vengan niños, aquí están sus canciones;
unas cortas, otras largas, todas son celebraciones.
Aprendan a cantarlas sencilla y claramente,
atiendan al tono y al ritmo, alegremente.

Marquen las notas que suben, marquen las que bajan también.
Marquen cuando se rompe el ritmo, en un rítmico vaivén.
Así cuando caiga la noche y duerman en su habitación,
sus canciones preferidas serán eco en su corazón.

Enlaces

Comparar textos

❶ ¿En qué se parecen "¡Oh, la música!" y "Vengan niños, aquí están sus canciones"? ¿En qué se diferencian?

❷ ¿Qué instrumento y qué canción te gustaría tocar en un recital? ¿Por qué?

❸ ¿Qué otras actividades son a la vez difíciles y entretenidas?

Fonética

Lectura de palabras

Escribe palabras con *z*, *s*, *ce* y *ci* en varias tarjetas. Intercámbialas con un compañero. ¿Cuál de los dos puede leerlas más rápido sin cometer errores?

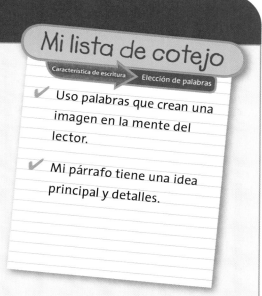

Práctica de la fluidez

Leer con naturalidad

Elige un fragmento de "¡Oh, la música!" para leer en voz alta. Lee las frases de ese fragmento como si se las estuvieses diciendo a un amigo en una conversación. Practica la lectura del fragmento varias veces.

Escritura

Escribir un párrafo

Piensa en una canción que conozcas. Escribe un párrafo que explique lo que escuchas, lo que te imaginas y lo que sientes cuando escuchas esa canción. Muestra tu párrafo a un compañero.

Mi lista de cotejo

Característica de escritura ➤ Elección de palabras

✔ Uso palabras que crean una imagen en la mente del lector.

✔ Mi párrafo tiene una idea principal y detalles.

Cuando escucho la canción "Feliz cumpleaños", me imagino velitas y globos.

115

Contenido

Biografía

LA VIDA DE
George Washington Carver

por Joli K. Stevens

Datos curiosos sobre los

cacahuates

por Gail Skroback Hennessey

Artículo de revista

Localizar información

Para encontrar información en un libro puedes usar la **tabla de contenidos**, que generalmente se encuentra al principio. Muchas tablas de contenidos tienen una lista de los **capítulos** del libro y el número de la página en la que comienza cada capítulo. El título del capítulo es una clave sobre lo que tratará ese capítulo.

La vida del Dr. Martin Luther King, Jr.
Tabla de contenidos
Capítulo 1: Los primeros años .... página 1
Capítulo 2: Ministro y líder .... página 8
Capítulo 3: Ganador del Premio Nobel ... página 15

Lee la siguiente tabla de contenidos. Explica qué información podría encontrarse en el segundo capítulo.

La vida de Abraham Lincoln Tabla de contenidos	

Título del capítulo	Información
Leñador	Cuenta la infancia de Abraham Lincoln
Abogado del Medio Oeste	
Presidente Lincoln	

Inténtalo

Vuelve a leer la tabla de contenidos. ¿Qué información encontrarás en el tercer capítulo?

www.harcourtschool.com/reading

Desarrollar un vocabulario rico

- cultivo
- alimentar
- clases
- tierra
- cuidar
- museo

Cacahuates

Las plantas de cacahuate son un **cultivo** muy importante en Estados Unidos. Florida, Georgia y Alabama proveen la mayor cantidad de cacahuates para **alimentar** a los habitantes del país.

Quizás tengas en tu casa lo que necesitas para hacer emparedados de mantequilla de cacahuate. Mucha gente piensa que ésta es la mejor forma de comer cacahuates. Pero también hay otras maneras.

En una de las **clases** de esta semana, la maestra nos contó que los científicos hacen experimentos para encontrar nuevos tipos de cacahuate que los granjeros puedan cultivar en su **tierra** y luego vender. Un comité de expertos se encarga de decidir qué cacahuates saben mejor, para así "**cuidar** nuestra alimentación".

Los cacahuates pueden hervirse, asarse, comerse crudos o usarse en mantequilla de cacahuate. Como a muchas personas les gustan los cacahuates, siempre seguirán cultivándose. ¡Y hasta puede que exista un **museo** del cacahuate! Busca información para saber si existe.

En Internet www.harcourtschool.com/reading

Detectives **de las palabras**

Busca las palabras del vocabulario fuera del salón de clases. Por ejemplo, puedes buscar en una revista de ciencias o en un programa de televisión dedicado a las ciencias. Escribe en tu diario del vocabulario las palabras que veas o escuches. ¡Feliz búsqueda de palabras!

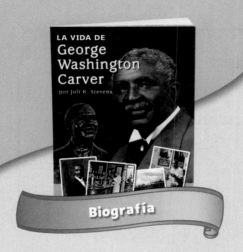

Estudio del género

Una **biografía** es la historia de la vida de una persona. Busca

- el orden en el que ocurren los hechos.

- subtítulos que indiquen de qué trata cada sección.

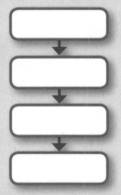

Estrategia de comprensión

Responde preguntas buscando la información en partes del texto que ya hayas leído.

LA VIDA DE
George Washington Carver

POR JOLI K. STEVENS

George Washington Carver

Hace mucho tiempo, la gente no comía cacahuates. Los cacahuates sólo servían para alimentar a los animales. Un hombre llamado George Washington Carver hizo que esto cambiara. Ésta es su historia.

Infancia

George Washington Carver nació en 1864 en Missouri. George y su hermano James crecieron bajo el cuidado de Moses y Susan Carver. Los Carver no tenían hijos propios. George y James les decían "tío Moses" y "tía Susan".

George Washington Carver cuando era niño

Casa de Moses Carver cerca de Diamond Grove, Newton County, Missouri

George era un niño enfermizo. Por eso, en vez de trabajar en la granja, ayudaba con las tareas de la casa.

George tenía un huerto. Le gustaba cuidar plantas enfermas y curarlas. La gente comenzó a llamarlo "el doctor de las plantas".

A George le gustaba aprender todo lo que podía sobre el mundo que lo rodeaba. La tía Susan le enseñó a leer y a escribir, pero él quería saber más que eso. Siempre andaba haciendo preguntas. Quería ir a la escuela, pero la escuela para niños afroamericanos más cercana quedaba a muchas millas de distancia.

En la escuela

Cuando tenía unos 12 años, George empezó a asistir a la escuela Lincoln, que quedaba a 8 millas de su casa. George aprendió muy pronto todo lo que podía ofrecerle esa escuela. Sabía que para seguir aprendiendo tenía que encontrar otra.

A los 16 años, se mudó a Fort Scott, Kansas. A partir de ese momento comenzó a trasladarse de un lugar a otro para realizar distintos trabajos y poder pagarse los estudios. Tenía que costearse los libros y los materiales escolares. En un pueblito de Kansas donde vivió, había un hombre que también se llamaba George Carver. Por eso agregó una *W* a su nombre. "Es la W de Washington", les dijo a sus amigos. George Washington Carver pasó a ser su nuevo nombre.

La escuela Lincoln tenía sólo un salón de clases, al igual que la escuela de esta fotografía.

Foto de graduación de la Universidad Estatal de Iowa en 1894

En la década de 1890, muy pocos afroamericanos podían asistir a la universidad. George Washington Carver quería ir y, para lograrlo, trabajó mucho y ahorró dinero. Cuando tenía casi 30 años, entró en la Universidad Simpson, en Iowa, para estudiar arte. Más adelante fue a la Universidad Estatal de Iowa para estudiar ciencias. Allí le ofrecieron un puesto para dar clases.

Maestro y científico

Booker T. Washington, el presidente del Instituto Tuskegee, oyó hablar de George Washington Carver. Booker le pidió que diera clases en Tuskegee, Alabama. En Tuskegee, la tierra no era fértil y los agricultores eran muy pobres. George Washington Carver se dio cuenta de que podía ayudar y se puso a trabajar de inmediato.

George Washington Carver perteneció al grupo *Welch Eclectic Society* durante sus años de estudiante en la Universidad Estatal de Iowa.

George Washington Carver
y sus alumnos del Instituto
Tuskegee

Alumnos de Carver examinan
plantas de mostaza.

Planta de
cacahuates
cosechada
por George
Washington
Carver.

Carver ayudó a los agricultores
a mejorar sus cosechas.

Pintura de Betsy Graves Reyneau, 1942, que muestra a George Washington Carver cuidando una planta de lirios

Empezó con la tierra. Vio que muchos agricultores sembraban algodón. La siembra del mismo cultivo año tras año había empobrecido la tierra.

George Washington Carver investigó otros cultivos que podían darse bien en esas tierras y proveer de comida y dinero a los agricultores. Sugirió que sembraran cacahuate, una especie de frijol llamada chiclayo o caupí, y boniatos. Estos cultivos le devolverían la fertilidad a la tierra. George prometió que la tierra mejoraría si cada año se plantaba algo diferente. Pero los agricultores no querían sembrar nuevos cultivos. Temían que nadie los comprara.

George Washington Carver descubrió que el picudo del algodonero, un insecto que se alimenta del algodón, no comía ni los cacahuates ni los boniatos. Y encontró unos trescientos usos para los cacahuates. Se podían usar para hacer mantequilla, harina, queso, golosinas, champú, pegamento, tinta, jabón y café. También halló más de cien usos para los boniatos. En poco tiempo, los agricultores comenzaron a plantar estos cultivos.

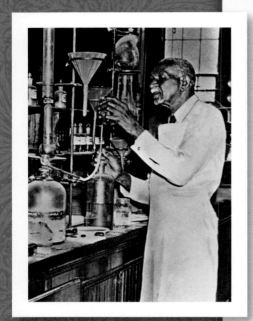

George Washington Carver en su laboratorio

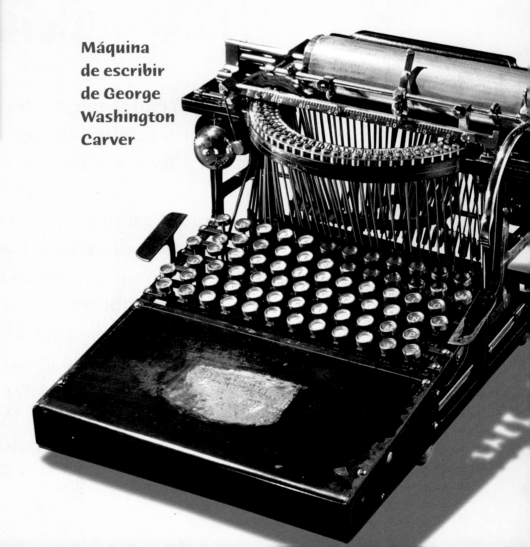

Máquina de escribir de George Washington Carver

George Washington Carver estudiando con detenimiento una planta

Varias personas le ofrecieron mucho dinero a George Washington Carver para que trabajara para ellas. Él siempre decía que no. Para él, el dinero no era importante. Quería que su trabajo continuara después de su muerte. Para ello, estableció una fundación con el dinero que había ahorrado. También fundó un museo que contenía muchas de las cosas que había hecho en su laboratorio. George obtuvo muchos premios por su trabajo. Hasta le pidieron que hablara de los cacahuates y los boniatos ante un comité del Congreso de Estados Unidos.

George Washington Carver murió el 5 de enero de 1943. Tenía casi ochenta años. Su cuerpo fue enterrado en el Instituto Tuskegee. En 1946, el Congreso declaró el 5 de enero Día de George Washington Carver. George dijo una vez: "Estudia ciencia y la ciencia te liberará, porque la ciencia es la verdad". Y la verdad es que George Washington Carver, por medio de sus enseñanzas e investigaciones, consiguió hacer del mundo un lugar mejor.

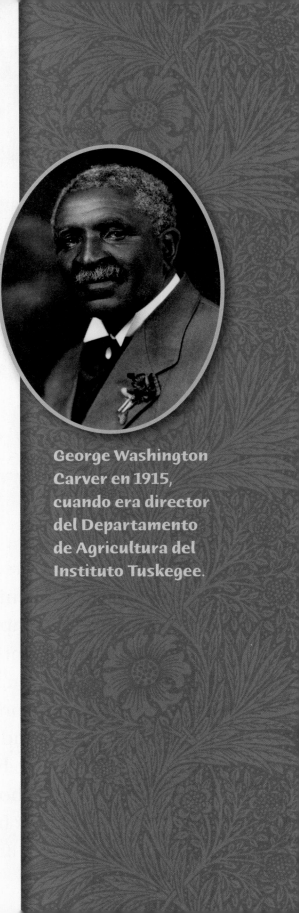

George Washington Carver en 1915, cuando era director del Departamento de Agricultura del Instituto Tuskegee.

Escultura de bronce de George Washington Carver

Pensamiento crítico

1 ¿Debajo de qué subtítulo puedes encontrar información acerca de los lugares donde estudió George Washington Carver?

 LOCALIZAR INFORMACIÓN

2 ¿Por qué algunas personas llamaban a George Washington Carver "el doctor de las plantas"? DETALLES IMPORTANTES

3 ¿Cómo sabes que George Washington Carver era un buen estudiante? INFERIR

4 ¿Por qué fue importante para los agricultores que George Washington Carver haya encontrado tantas formas de usar los cacahuates? SACAR CONCLUSIONES

5 ESCRIBE ¿Por qué un inventor como George Washington Carver tiene que ser creativo? Incluye detalles de la lectura en tu respuesta. RESPUESTA BREVE

Datos curiosos sobre los cacahuates

por Gail Skroback Hennessey

No es nuez, es guisante

La próxima vez que des un lametón a un poco de mantequilla de cacahuate, podrás decir que te has comido tu ración de verdura. Los cacahuates no son realmente frutos secos sino parientes cercanos de los guisantes y los frijoles.

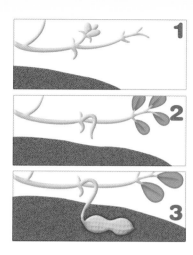

Crecer hacia abajo

¡Los cacahuates no crecen hacia arriba, sino hacia abajo! Primero se poliniza una flor de la planta de cacahuate. A continuación, un diminuto tallo comienza a crecer hacia dentro de la tierra. Una vez que ha entrado en el suelo, su punta se hincha y forma una vaina. Por lo general, dentro de la vaina se forman dos semillas. Entonces se pueden desenterrar las vainas.

Más sobre los cacahuates

2
El número de presidentes cultivadores de cacahuates.

6
La cantidad de libras de cacahuate que anualmente consume una persona en Estados Unidos.

9
El número de estados donde hay grandes cultivos de cacahuate. Georgia es el estado donde más se cultiva.

300
El número de productos que George Washington Carver fabricó con la planta del cacahuate. Algunos son: champú, tinta, plástico y helado.

720
La cantidad de cacahuates que se necesita para llenar un envase de una libra de mantequilla de cacahuate.

1,500
El número de emparedados de mantequilla de cacahuate que el niño estadounidense promedio se ha comido para cuando termina el bachillerato.

7,000,000
Las libras de mantequilla de cacahuate que se consumen anualmente en Estados Unidos.

Enlaces

Comparar textos

1. ¿De qué manera el texto "Datos curiosos sobre los cacahuates" puede ayudarte a comprender "La vida de George Washington Carver"?

2. ¿Qué tipos de experimentos has realizado?

3. ¿Qué tipos de problemas quieren resolver los científicos de hoy en día?

Fonética

Escribir un poema

Usa palabras con *cc* y palabras con *x* para hacer un poema que rime. Luego, lee tu poema a un compañero.

Me han regalado un xilofón,

exactamente lo que quería.

desde hoy tengo acceso al mundo

de la música y la alegría.

Leer con precisión

Elige un fragmento de "La vida de George Washington Carver" y léelo en voz alta mientras un compañero sigue la lectura. Pídele que te diga qué palabras debes practicar para leer mejor.

Escritura

Escribir una narración personal

Piensa en eventos de tu vida que sean importantes para ti. Escribe acerca de ellos en el orden en que ocurrieron.

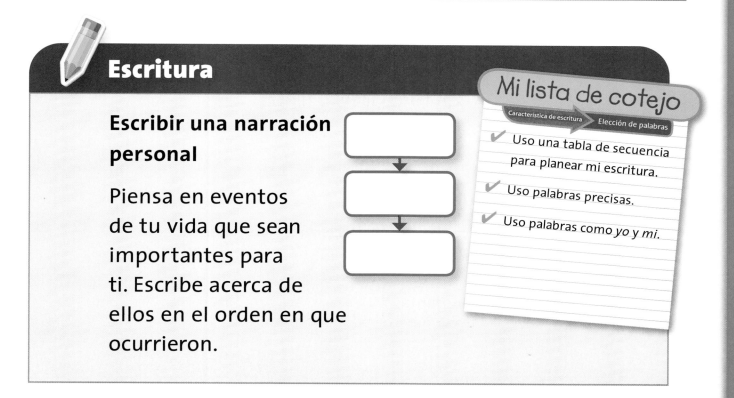

Mi lista de cotejo

Característica de escritura ▸ Elección de palabras

✔ Uso una tabla de secuencia para planear mi escritura.

✔ Uso palabras precisas.

✔ Uso palabras como *yo* y *mi*.

Contenido

Lección 20

Repaso del tema y desarrollo del vocabulario

Teatro leído
PROGRAMA DE JUEGOS

¿CUÁL ES MI PROFESIÓN?

Invitado desconocido

?

Lectura de otra asignatura
LIBRO DE ESTUDIOS SOCIALES

LIBRO DE
Estudios Sociales

detectives

animador

responder

correctamente

arriesgar

escultor

Leer para adquirir fluidez

Cuando leas un diálogo en voz alta,

- modifica tu entonación para leer con expresividad.

- tómate el tiempo necesario para leer cada palabra correctamente.

¿CUÁL ES MI

Personajes

Locutor	Jugador 2
Animador	Jugador 3
Jugador 1	Invitado desconocido

Invitado desconocido

?

PROFESIÓN?

Escenario

Sala de un programa de juegos en un estudio de televisión

Locutor: ¡Buenos días tengan todos! Bienvenidos a "¿Cuál es mi profesión?", el programa en el que los grandes detectives usan sus increíbles habilidades de investigación. Con nosotros, Sandro Vera, el animador de nuestro programa que nos mantendrá entretenidos esta mañana.

Animador: ¡Buenos días! Vamos a comenzar. Creo que la mayoría de ustedes ya han visto "¿Cuál es mi profesión?". Pero si no, éstas son las reglas.

WXYZ

Locutor: Es un juego muy fácil. Los jugadores se turnan para hacerle una pregunta a nuestro invitado desconocido sobre su profesión. Después nuestro invitado debe responder y los jugadores tratan de adivinar cuál es su profesión. Los participantes tienen solamente tres oportunidades para adivinar, por lo que deberán usarlas con astucia.

Animador: Y aquí viene la parte más emocionante. El que responda correctamente gana un premio especial.

Jugador 1: ¡Un premio especial!

Jugador 2: ¡Yo me lo voy a ganar!

Jugador 3: Eso está por verse.

Animador: Y ahora vamos a conocer a nuestro invitado especial. Invitado desconocido, bienvenido al programa.

Invitado desconocido: Gracias. Estoy muy contento de estar aquí.

Animador: ¿Estás listo para comenzar?

Invitado desconocido: Sí, estoy listo. ¿Tú ya sabes cuál es mi profesión?

Animador: Yo no soy el que tiene que adivinar. Para eso tenemos a nuestros jugadores. Comencemos. La primera pregunta, por favor.

Jugador 1: Invitado desconocido, ¿construyes algún tipo de cosa?

Clave para leer con fluidez

Lee cada palabra con cuidado.

Invitado desconocido

145

Invitado desconocido: Sí, hago cosas.

Jugador 2: ¡Ah, ya sé cuál es tu profesión!

Animador: Jugador número 2, ¿no te parece que primero debes hacer una pregunta?

Jugador 2: Tienes razón. Invitado desconocido, ¿haces cosas que la gente utiliza para trasladarse?

Invitado desconocido: No.

Jugador 2: Bueno, creo que no sé cuál es tu profesión.

Animador: Jugador número 3, ¿cuál es tu pregunta para nuestro invitado desconocido?

Jugador 3: Invitado desconocido, ¿haces cosas que la gente puede disfrutar con alguno de sus sentidos?

Invitado desconocido: Sí.

Animador: ¡Aaaaaah! Eso significa mirar, tocar, oler, escuchar y saborear. Parece que tú te dedicas a hacer algo creativo. ¿Alguno de nuestros jugadores puede adivinar lo que es?

Jugador 2: ¡Ya sé! Compones música. ¡Eres músico!

Invitado desconocido: No, no soy músico.

Clave para leer con fluidez

El jugador número 2 siempre tiene prisa por responder. ¿Cómo deberías leer sus líneas?

SÍ

147

Animador: Buen intento, jugador número 2. Te deseo mejor suerte para la próxima. Regresemos con el jugador número 1. ¿Cuál es tu segunda pregunta para nuestro invitado desconocido?

Jugador 1: Invitado desconocido, ¿usas herramientas para hacer tu trabajo?

Invitado desconocido: Sí, uso herramientas.

Jugador 2: ¡Oh! Creo que ya sé. ¿Usas un martillo?

Invitado desconocido: Sí, uso un martillo.

Jugador 2: Tengo otra idea de lo que puede ser.

Animador: Recuerda que sólo les quedan dos oportunidades. ¿Estás seguro de que quieres arriesgar la segunda?

Jugador 2: Por supuesto que sí. No corro ningún riesgo porque sé que estoy en lo cierto. Invitado desconocido, ¡eres carpintero!

Invitado

Invitado desconocido: No, no soy carpintero.

Jugador 2: ¡Ah! ¡Me equivoqué otra vez!

Animador: Otra respuesta incorrecta de nuestros jugadores. Ahora, sólo les queda una oportunidad. Jugador número 3, es tu turno para preguntar.

Jugador 3: Invitado desconocido, ¿haces cosas de madera?

Invitado desconocido: No.

Animador: Repasemos lo que sabemos hasta ahora. Haces cosas que las personas disfrutan con sus sentidos. Usas un martillo, pero no haces cosas de madera. Está difícil de adivinar.

Locutor: Yo no lo puedo adivinar. Tenemos suerte de tener un comité de expertos detectives que pueden hacerlo.

Clave para leer con fluidez

Leer lentamente y con cuidado ayuda a leer con precisión.

149

Clave para leer con fluidez

¿Cómo crees que hablarían el jugador número 1 y el jugador número 2 si estuvieran enojados?

Jugador 2: ¡Yo sé lo que es! ¡Yo sé lo que es! Tú eres...

Jugador 3: ¡Espérate, jugador número 2! ¡No gastes nuestra última oportunidad!

Jugador 1: Deja que otro jugador pregunte.

Jugador 2: Está bien.

Jugador 1: Yo tengo una pregunta más. Invitado desconocido, ¿haces cosas de piedra?

Invitado desconocido: Sí, hago cosas de piedra.

Jugador 2: ¡Ya sé lo que es! ¡Es muy fácil!

Jugador 1: ¡Un momento, jugador número 2! Creo que ya sé cuál es la profesión del invitado desconocido, pero no quiero arriesgar la última oportunidad.

Animador: Yo creo que los jugadores quisieran tener ahora una nueva oportunidad.

Jugador 2: Necesito hacer una última pregunta. ¿Haces algo relacionado con el arte?

Invitado desconocido: Sí.

Invitado desconocido ?

WXYZ

Jugador 3: ¡Entonces eres escultor!

Invitado desconocido: ¡Sí, soy escultor!

Jugador 2: ¡Eso mismo es lo que yo iba a decir!

Animador: Lo siento, jugador número 2, pero sólo podemos tener un ganador.

Locutor: Éste fue un buen trabajo de detectives. Jugador número 3, te concentraste en las pistas. Un escultor usa un martillo para hacer estatuas de piedra, y las estatuas son obras de arte. El escultor vende sus estatuas a la gente que las quiere para exhibirlas en sus casas o lugares de trabajo.

Animador: Realmente, todos nuestros jugadores hicieron muy buen trabajo, pero el jugador número 3 ha sido el ganador.

GANADOR

CLAP CLAP CLAP

Locutor: Demos un aplauso a nuestro invitado especial. Te agradecemos que hayas venido a nuestro programa.

Invitado desconocido: Me gustó mucho el programa. ¡Ha sido muy divertido!

Animador: A propósito, jugador número 3, ¿te gusta el arte?

Jugador 3: Me gusta mucho el arte.

Animador: Me alegro, porque tu premio es una estatua hecha por nuestro invitado especial. ¡Aquí la tienes! ¿Estás emocionada?

Jugador 2: Estoy realmente sorprendido. La estatua se parece a ti.

Animador: Porque soy yo, Sandro Vera, el animador de este programa tan divertido. ¡Y eso sí que es arte!

ESTRATEGIAS DE COMPRENSIÓN
Repaso

Lectura de tu libro de Estudios Sociales

Enlace a la lectura de otra asignatura Los libros de Estudios Sociales tienen características especiales, como títulos, vocabulario específico y mapas, que te ayudan a comprender la información.

Lee las notas de la página 155. ¿Cómo te ayudan estas características a leer un libro de Estudios Sociales?

Repasar las estrategias de enfoque

Las estrategias que has aprendido con este tema pueden ser útiles para leer tu libro de Estudios Sociales.

Hacer una lectura anticipada
Si no entiendes algo de lo que lees, haz una lectura anticipada para conseguir más información.

Contestar preguntas
Usa la información de la lectura para contestar preguntas. Revisa el texto para verificar tus respuestas.

Usa estas estrategias de comprensión cuando leas "América del Norte" en las páginas 156–157.

TÍTULOS

El título indica sobre qué trata la lección.

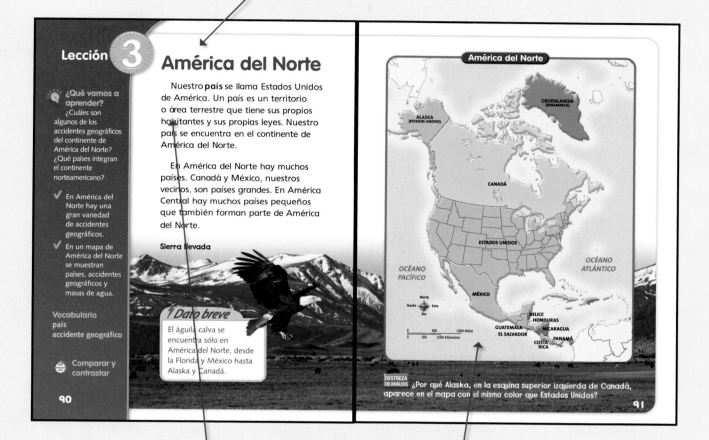

América del Norte

Nuestro **país** se llama Estados Unidos de América. Un país es un territorio o área terrestre que tiene sus propios habitantes y sus propias leyes. Nuestro país se encuentra en el continente de América del Norte.

En América del Norte hay muchos países. Canadá y México, nuestros vecinos, son países grandes. En América Central hay muchos países pequeños que también forman parte de América del Norte.

Sierra Nevada

Dato breve
El águila calva se encuentra sólo en América del Norte, desde la Florida y México hasta Alaska y Canadá.

América del Norte

GROENLANDIA (DINAMARCA)
ALASKA (ESTADOS UNIDOS)
CANADÁ
ESTADOS UNIDOS
OCÉANO PACÍFICO
OCÉANO ATLÁNTICO
MÉXICO
Norte
Oeste — Este
Sur
0   500   1,000 Millas
0   500   1,000 Kilómetros
BELICE
HONDURAS
GUATEMALA   NICARAGUA
EL SALVADOR   PANAMÁ
COSTA RICA

DESTREZA DE ANÁLISIS ¿Por qué Alaska, en la esquina superior izquierda de Canadá, aparece en el mapa con el mismo color que Estados Unidos?

91

VOCABULARIO

Las palabras de vocabulario nuevas están en negrita. El significado de la palabra se explica en la oración. Las palabras de vocabulario están además en el glosario que está al final de tu libro de Estudios Sociales.

MAPA

Los mapas dan información sobre los lugares mencionados en la lección. Usa la rosa de los vientos para hallar el norte, el sur, el este y el oeste.

155

Aplicar las estrategias Lee estas páginas de un libro de Estudios Sociales. Mientras lees, detente a pensar cómo estás usando las estrategias de comprensión.

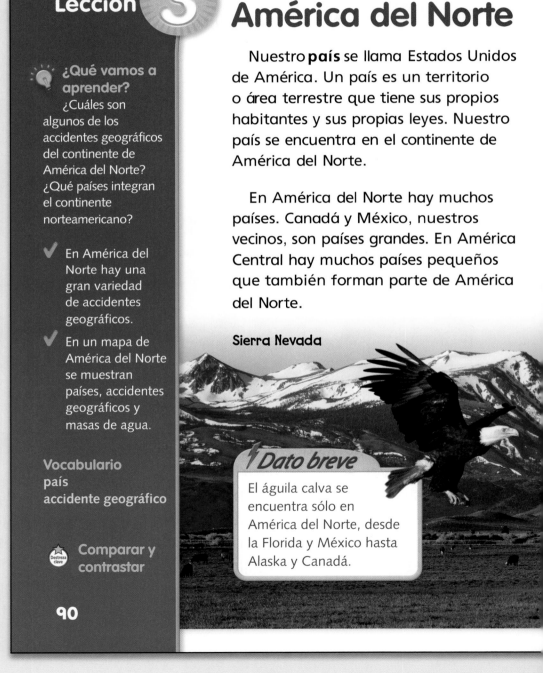

Lección **3**

¿Qué vamos a aprender?
¿Cuáles son algunos de los accidentes geográficos del continente de América del Norte? ¿Qué países integran el continente norteamericano?

✓ En América del Norte hay una gran variedad de accidentes geográficos.

✓ En un mapa de América del Norte se muestran países, accidentes geográficos y masas de agua.

Vocabulario
país
accidente geográfico

⭐ **Comparar y contrastar**

90

América del Norte

Nuestro **país** se llama Estados Unidos de América. Un país es un territorio o área terrestre que tiene sus propios habitantes y sus propias leyes. Nuestro país se encuentra en el continente de América del Norte.

En América del Norte hay muchos países. Canadá y México, nuestros vecinos, son países grandes. En América Central hay muchos países pequeños que también forman parte de América del Norte.

Sierra Nevada

⚡ *Dato breve*

El águila calva se encuentra sólo en América del Norte, desde la Florida y México hasta Alaska y Canadá.

Detente a pensar

¿Te sirve hacer una lectura anticipada para contestar la pregunta que está al final de la página?

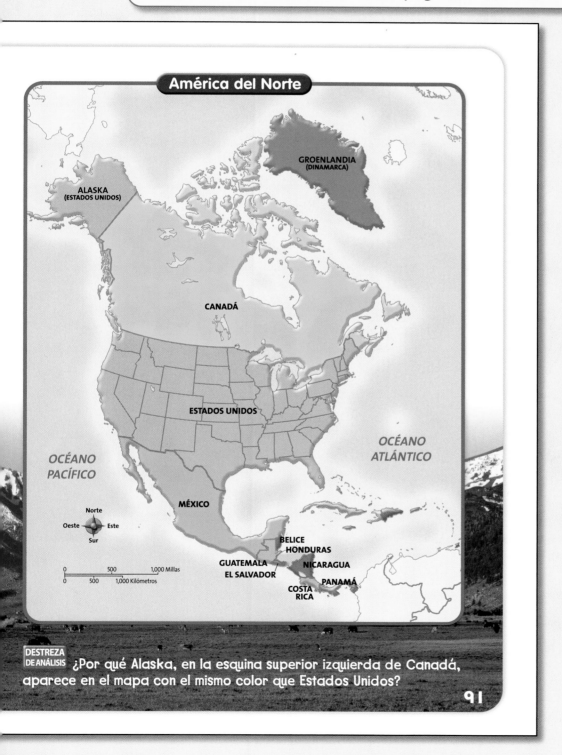

América del Norte

GROENLANDIA
(DINAMARCA)

ALASKA
(ESTADOS UNIDOS)

CANADÁ

ESTADOS UNIDOS

OCÉANO
PACÍFICO

OCÉANO
ATLÁNTICO

MÉXICO

Norte
Oeste — Este
Sur

0   500   1,000 Millas
0   500   1,000 Kilómetros

BELICE
HONDURAS
GUATEMALA   NICARAGUA
EL SALVADOR
PANAMÁ
COSTA
RICA

DESTREZA DE ANÁLISIS ¿Por qué Alaska, en la esquina superior izquierda de Canadá, aparece en el mapa con el mismo color que Estados Unidos?

91

Tema ⑤ Juntos es mejor

Globos a diez centavos, Jonathan Green

159

Contenido

Lección 21

Ficción realista

Vera B. Williams

UN SILLÓN PARA MI MADRE

Cómo ahorrar dinero

No ficción

161

Destreza de enfoque

Trama

Todos los cuentos tienen personajes, un escenario y una trama. La **trama** es lo que ocurre al principio, en el medio y al final del cuento.

- En el principio, se presenta a los personajes y se cuenta el problema que tienen.

- En el medio, se cuenta cómo intentan solucionar ese problema.

- En el final, se cuenta cómo lo solucionan.

Lee este mapa del cuento. ¿Qué problema tiene Melisa? ¿Cómo lo soluciona?

Problema
Melisa quiere una bicicleta nueva. Pero no le alcanza el dinero para comprarla.

↓

Eventos importantes
Melisa ayuda a su hermano a hacer trabajos de jardinería. Él le paga. Ella ahorra ese dinero.

↓

Solución
Melisa ahorra suficiente dinero para comprar una bicicleta.

Lee este cuento. ¿Qué problema tiene el personaje principal?

Un regalo para la mamá de Rebeca

Falta muy poco para el cumpleaños de la mamá de Rebeca. Ella quería comprarle flores, pero sólo tenía ahorrado $1.89. Eso no alcanzaba.

Entonces Rebeca tuvo una idea. Prepararía un poco de limonada y pondría un puesto de limonada en la puerta de su casa. Al otro día, Rebeca había ganado diez dólares. ¡Ahora podría comprarle las flores a su mamá!

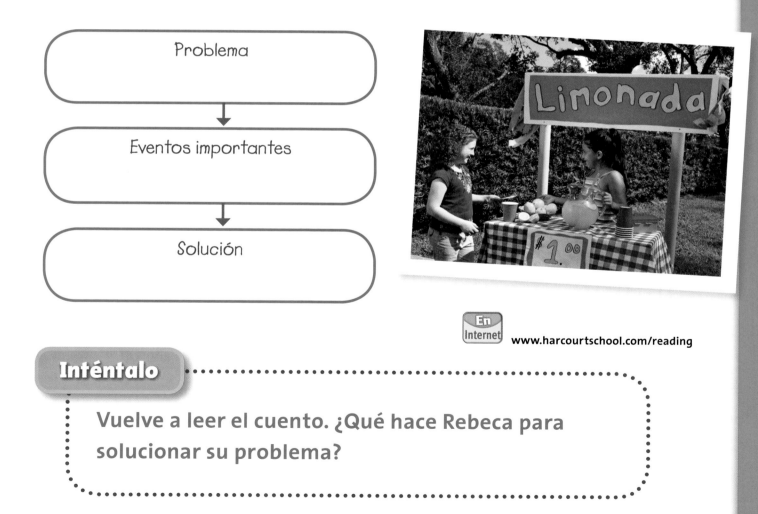

Problema

↓

Eventos importantes

↓

Solución

En Internet www.harcourtschool.com/reading

Inténtalo

Vuelve a leer el cuento. ¿Qué hace Rebeca para solucionar su problema?

Vocabulario

rato

elegir

cómodo

convertido

destruir

moneda

Una oferta especial

El letrero en la ventana de la tienda decía "¡Oferta! ¡Todos los zapatos a mitad de precio!".

—¡Qué buena oportunidad ofrece esta tienda! —dijo la mamá de Tomás—. Podríamos comprarte zapatos deportivos.

Tomás y su mamá recorrieron la tienda durante un buen **rato**, hasta **elegir** un par de zapatos deportivos.

164

—Este par parece ser **cómodo** —dijo la mamá de Tomás.

—Me van muy bien —dijo Tomás, después de probárselos—. ¡Siento que me he **convertido** en un verdadero deportista! Ahora puedo **destruir** ese par viejo que tengo en casa.

—Si no te gustan tus viejos zapatos deportivos, no los tienes que botar a la basura. Se los puedes regalar a alguien que no tenga —le dijo la mamá a Tomás—. Págale al vendedor con este dinero. Te dará sólo una **moneda** de vuelto. Luego vayamos a casa a contarle a papá de esta oferta. ¡Tal vez él quiera comprarse zapatos nuevos!

En Internet
www.harcourtschool.com/reading

Detectives **de las palabras**

¡Sé un detective de palabras! Busca las palabras del vocabulario a tu alrededor, en cualquier lugar. Escribe las palabras en tu diario del vocabulario y anota en dónde las encontraste.

Vera B. Williams

UN SILLÓN PARA MI MADRE

Ficción realista

Estudio del género

Un cuento de **ficción realista** narra una historia que podría suceder en la vida real. Busca

- acontecimientos que podrían ocurrir en la vida real.
- un problema que haya que resolver.

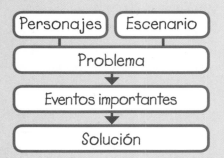

Personajes   Escenario

Problema

Eventos importantes

Solución

Estrategia de comprensión

Usa la estructura del cuento para pensar en los acontecimientos más importantes de la trama.

166

UN SILLÓN

PARA MI MADRE

por
Vera B. Williams

Mi madre trabaja de camarera en la cafetería El Mostrador Azul. Después de la escuela, a veces voy a su trabajo. Entonces, Josefina, su jefa, me pone a hacer alguna labor.

Lavo los saleros y los pimenteros, y relleno los botes de *ketchup*. Una vez pelé todas las cebollas para la sopa. Cuando termino, Josefina me dice: "Buen trabajo, cariño", y me paga. Y todas las veces meto la mitad de mi dinero en un frasco.

Toma mucho tiempo llenar un frasco de ese tamaño. Todos los días, cuando mi madre llega del trabajo, bajo el frasco. Mamá saca de su cartera todo el cambio de las propinas para que yo lo cuente. Después ponemos todas las monedas dentro del frasco.

A veces, mamá llega del trabajo muy contenta. Otras veces está tan cansada que se queda dormida mientras yo separo y cuento las monedas una a una. Hay días en que viene con muchas propinas. Hay otros en que sólo trae unas pocas. Entonces se la ve preocupada. Pero todas las noches, cada moneda reluciente va a parar al frasco.

Nos sentamos en la cocina a contar las
propinas. La abuelita casi siempre se sienta con
nosotras. Mientras contamos, a ella le gusta
tararear una melodía. Muchas veces, la abuelita
nos da dinero del que tiene en su viejo monedero
de cuero. Cada vez que consigue a buen precio
las bananas o los tomates o alguna cosa que
compra, aparta el dinero que se ha ahorrado y va
para el frasco.

Cuando no quepa ni una moneda más en el frasco, vamos a sacar todo el dinero y vamos a comprar un sillón.

Sí, un sillón. Un sillón hermoso, suave y mullido. Vamos a elegir uno forrado de terciopelo con rosas por todas partes. Vamos a comprar el mejor sillón del mundo.

Los sillones que teníamos se quemaron. En nuestra otra casa hubo un gran incendio. Todos nuestros sillones se quemaron. Al igual que nuestro sofá y todo lo demás. No hace mucho tiempo de eso.

Mamá y yo volvíamos a casa de comprar
zapatos nuevos. Yo venía con mis sandalias
nuevas. Ella se había comprado unos zapatos de
vestir. Íbamos caminando a casa desde la parada
del autobús. Nos pusimos a ver los tulipanes que
la gente planta. Mamá dijo que le gustaban los
tulipanes rojos y yo dije que a mí me gustaban los
amarillos. Entonces llegamos a nuestra cuadra.

Justo enfrente de nuestra casa había
dos enormes camiones de bomberos. Había
mucho humo. Del tejado salían altas llamas
anaranjadas. Todos los vecinos estaban parados
en la acera, al otro lado de la calle. Mamá me
agarró de la mano y empezamos a correr. Mi tío
Santiago nos vio y corrió hacia nosotras.

—¿Dónde está mi madre? —gritó mamá.

—¿Dónde está mi abuelita? —grité yo.

Mi tía Ida nos hizo señas con el brazo y gritó:

—Está aquí, está aquí. Está bien. No se
preocupen.

La abuelita estaba bien. Nuestra gata también estaba a salvo, aunque nos llevó un rato encontrarla. Pero todo lo demás que había en nuestra casa estaba destruido.

Y lo que quedaba de la casa se había convertido en carbón y cenizas.

Nos fuimos a vivir con mi tía Ida, la hermana de mi mamá, y mi tío Santiago. Un tiempo después nos pudimos mudar al apartamento de abajo. Las paredes las pintamos de amarillo. Los pisos estaban relucientes. Pero las habitaciones estaban muy vacías.

El día que nos mudamos, los vecinos trajeron pizza, pastel y helados. Y también trajeron un montón de otras cosas.

La familia de la cuadra de enfrente trajo una mesa y tres sillas para la cocina. El viejito del apartamento de al lado nos dio una cama de cuando sus hijos eran pequeños.

Mi otro abuelo nos regaló su hermosa alfombra.
La otra hermana de mi mamá, Salma, nos hizo unas
cortinas rojas y blancas. Josefina trajo sartenes y
ollas, cubiertos y platos. Mi prima me dio su osito de
peluche.

Mi abuelita dijo unas palabras y todos aplaudieron.

—Son ustedes muy amables —dijo—, muchísimas
gracias. Por suerte somos jóvenes y podemos volver a
empezar.

Eso fue el año pasado, pero seguimos sin sofá y sin sillones. A mamá le duelen los pies cuando vuelve a casa del trabajo.

—No tengo un lugar cómodo donde descansar los pies —dice.

Cuando la abuelita quiere sentarse y tararear una canción y ponerse a pelar papas, tiene que acomodarse como puede en una silla dura de las que hay en la cocina.

Por eso mamá trajo a casa el frasco más grande que encontró en la cafetería y empezamos a meter allí todas las monedas.

Ahora el frasco pesa mucho y ya no puedo bajarlo. El tío Santiago me dio una moneda de

veinticinco centavos y tuvo que cargarme para que pudiera meterla en el frasco.

Después de la cena, mamá, la abuelita y yo nos paramos frente al frasco.

—Pues bien, jamás pensé que fuera posible, pero me parece que está lleno —dijo mamá.

Mamá trajo a casa pequeños envoltorios
de papel para las monedas de cinco, diez y
veinticinco centavos. Conté todas las monedas
y las metí en las envolturas.

El día de descanso de mamá llevamos todas las monedas al banco. Allí nos las cambiaron por billetes de diez dólares. Después nos fuimos en autobús al centro a comprar nuestro sillón.

Fuimos a cuatro tiendas de muebles. Probamos sillones grandes y pequeños, sillones bajos y altos, sillones suaves y otros más duros. La abuelita dijo que se sentía como Ricitos de Oro probando todos los sillones.

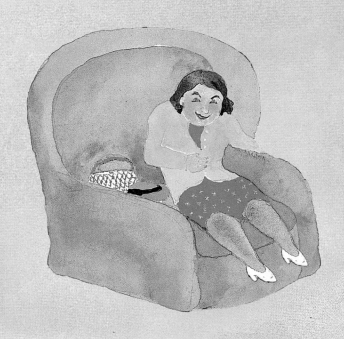

Finalmente encontramos el sillón de nuestros sueños. Y el dinero del frasco nos alcanzó para comprarlo. Llamamos a la tía Ida y al tío Santiago. Vinieron en su camioneta para llevarnos el sillón a casa. Sabían que no podíamos esperar que la tienda nos lo trajera.

Subieron el sillón en la camioneta y me senté en él. Mamá no quiso que fuera sentada allí durante el trayecto. Pero me dejaron sentarme en el sillón mientras lo cargaban hasta la puerta.

Cuando llegamos a casa, pusimos el sillón junto a la ventana con las cortinas rojas y blancas. La abuelita, mamá y yo nos sentamos las tres en el sillón para que la tía Ida nos tomara una foto.

Ahora la abuelita se sienta en el sillón y habla con la gente que pasa durante el día. Mamá se sienta y mira las noticias en la televisión cuando llega del trabajo. Después de la cena, yo me siento con ella y, desde allí, mamá puede apagar la luz si me quedo dormida en sus piernas.

Pensamiento crítico

1 ¿Qué problema tienen los personajes del cuento? TRAMA

2 ¿Cómo consiguen los integrantes de la familia el dinero que ponen en el frasco? DETALLES IMPORTANTES

3 ¿Por qué crees que los personajes prueban muchos sillones antes de elegir uno? SACAR CONCLUSIONES

4 ¿Cómo habría sido el final del cuento si los personajes hubieran ido a comprar el sillón después de llenar con monedas un frasco pequeño? ESPECULAR

5 **ESCRIBE** ¿Qué crees que aprendió la niña por haber ahorrado dinero durante tanto tiempo? RESPUESTA BREVE

Conoce a la autora e ilustradora
Vera B. Williams

Queridos lectores:

La idea de "Un sillón para mi madre" surgió de mi deseo, cuando era niña, de poder comprarle a mi mamá un regalo maravilloso. Al igual que la familia del cuento, no teníamos el dinero para comprar un sillón nuevo. Pero cuando escribí este cuento, sentí que estaba haciendo realidad ese deseo. Escribir cuentos me permite cambiar el pasado y hacer que mis recuerdos sean más bonitos.

Con cariño,
Vera B. Williams

En Internet
www.harcourtschool.com/reading

Cómo ahorrar dinero

No ficción

Cómo ahorrar dinero

POR
MARY FIRESTONE

Apartar algo de tu dinero antes de gastarlo te ayuda a ahorrar. Los **ingresos** son el dinero que te dan o que te pagan. Los **gastos** son el dinero que usas para comprar cosas. Para ahorrar dinero, tus ingresos deben ser mayores que tus gastos.

Dora es una estudiante de segundo grado que quiere ahorrar dinero. Dora gasta sólo una parte de sus ingresos para poder ahorrar el resto.

Ahorrar te permite comprar cosas más costosas sin pedir prestado. Todas las semanas, Dora ahorra un poco de dinero. Con el tiempo tendrá ahorrado lo suficiente como para comprarse un patinete.

Las pequeñas cantidades de dinero que ahorras se van sumando a lo largo del tiempo. Si cada semana pones $2 en una alcancía, tendrás $8 a fin de mes. Después de ahorrar todo un año tendrás más de $100.

Puedes guardar tus ahorros en un banco. Los bancos pagan **interés**. El interés es una pequeña cantidad de dinero que el banco te paga por guardar allí tus ahorros.

Dora anota el dinero que guarda en el banco en una libreta de ahorros. Cuando quiera gastarlo, el banco se lo devolverá con intereses.

Ahorrar dinero es una buena decisión. Si ahorras, podrás comprar las cosas que quieras y necesites más adelante. Dora ahorró el dinero necesario para comprarse su patinete. Ahorrar te ayuda a hacer planes para el futuro.

Enlaces

Comparar textos

1 ¿Cómo ahorran dinero los personajes de "Un sillón para mi madre" y los de "Cómo ahorrar dinero"?

2 ¿Qué harías si tuvieras dinero ahorrado?

3 ¿Por qué la gente ahorra dinero?

Fonética

Leer una oración

Haz una lista de cinco palabras agudas e intercámbiala con un compañero. Luego, escribe una oración usando tantas palabras de la lista como puedas. Haz una ilustración de esa oración. Lee la oración a tu compañero.

Práctica de la fluidez

Leer con sentimiento

Túrnate con un compañero para leer fragmentos del cuento. Modifiquen su entonación para mostrar cómo se sienten los personajes. Practiquen hasta que estén de acuerdo en que han leído de manera correcta.

Escritura

Escribir un cuento

¿Qué puedes comprar con el dinero que ahorras? Usa un mapa del cuento para planear un cuento y luego escríbelo.

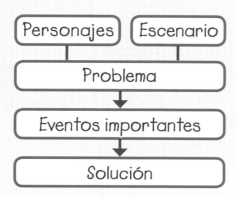

Personajes Escenario

Problema

Eventos importantes

Solución

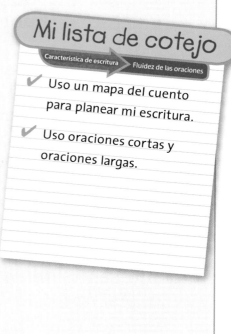

Mi lista de cotejo

Característica de escritura → Fluidez de las oraciones

✔ Uso un mapa del cuento para planear mi escritura.

✔ Uso oraciones cortas y oraciones largas.

Descripción

Las **descripciones** dicen cómo se ve, cómo se siente al tacto, cómo huele, cómo suena y qué sabor tiene algo. En "Un sillón para mi madre", toda la familia compra un sillón muy especial. Yo escribí acerca de la mecedora de mi abuela.

Ejemplo de escritura

La mecedora de mi abuela
por Carla

¡Triiic! ¡Triiic! Ése es el ruido que hace la mecedora de mi abuela cuando yo me siento en ella. Mi abuelo la hizo cuando nació mi papá. Ahora tiene una capa de pintura blanca y suave. Antes estuvo pintada de otros colores. Mi papá dice que la seguimos pintando porque todos la queremos mucho. A mi abuela le gusta sentarse en la mecedora a leer. A mí me gusta sentarme en su falda y leer con ella. ¡Así nos divertimos las dos!

Característica de escritura

ELECCIÓN DE PALABRAS
Elegir verbos de acción, como *sentarse* en lugar de *estar*, hace que mi texto sea más claro y tenga más fuerza.

Característica de escritura

FLUIDEZ DE LAS ORACIONES
Combinar oraciones sirve para que el texto fluya mejor.

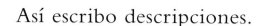

Así escribo descripciones.

1. **Pienso en un objeto que quiero describir. Pienso en diferentes formas de describirlo a partir de los cinco sentidos.**

2. **Uso un organizador gráfico. Escribo ideas que quiero incluir en mi descripción.**

Vista
color de la pintura,
abuela en la
mecedora

Tacto
pintura suave

Mecedora
de la abuela

Oído
Triiic. Papá dice
que la queremos
mucho

Olfato

Gusto

3. Leo mis ideas y decido lo que escribiré.
Planifico mi texto.

Comienzo
Decir la idea principal: la mecedora.
Poner el ruido que hace la mecedora.
Decir que la hizo mi abuelo.

Medio
Dar detalles. Describir la mecedora. Usar la red.

Cierre
Decir cómo usamos la silla la abuela y yo.

4. Escribo mi descripción. Leo lo que escribí y lo modifico.

Uso esta lista de cotejo cuando escribo descripciones.
Tú también puedes usarla cuando escribas descripciones.

Lista de cotejo para escribir una descripción

- ◻ Mi descripción tiene un comienzo interesante.

- ◻ Uso detalles que sirven de ejemplo para ampliar la idea principal.

- ◻ Creo imágenes para mis lectores diciendo lo que veo, escucho, toco, huelo y saboreo.

- ◻ Mi descripción tiene un cierre atractivo.

- ◻ Uso verbos de acción para que mi texto tenga más fuerza y sea más claro.

- ◻ Combino oraciones para que mi texto fluya mejor.

Contenido

Fantasía

LA GRANJA
QUE NO TENÍA GRACIA

por
TIM EGAN

¡A jugar con rimas!

Por Charley Hoce
ilustrado por Eugenie Fernandes

Poesía

203

 **Trama**

La **trama** es lo que ocurre en un cuento. Al principio, los personajes tienen un problema. En el medio, tratan de encontrar una solución. Al final, generalmente los personajes resuelven el problema.

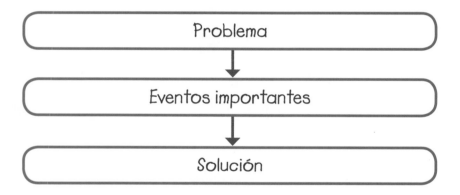

Puedes comparar la trama de dos cuentos. A medida que lees, piensa en estas preguntas:

- ¿En qué se parecen los problemas de los personajes? ¿En qué se diferencian?

- ¿Los personajes solucionan sus problemas de la misma manera?

Vuelve a leer el siguiente cuento. ¿En qué se parece el problema de Rebeca al problema de los personajes de "Un sillón para mi madre"?

Un regalo para la mamá de Rebeca

Faltaba poco para el cumpleaños de la mamá de Rebeca. Ella quería comprarle flores, pero sólo había ahorrado $1.89. Eso no alcanzaba.

Entonces Rebeca tuvo una idea. Prepararía un poco de limonada y pondría un puesto de limonada en la puerta de su casa. Al otro día, Rebeca ya había ganado diez dólares. ¡Ahora podría comprarle las flores a su mamá!

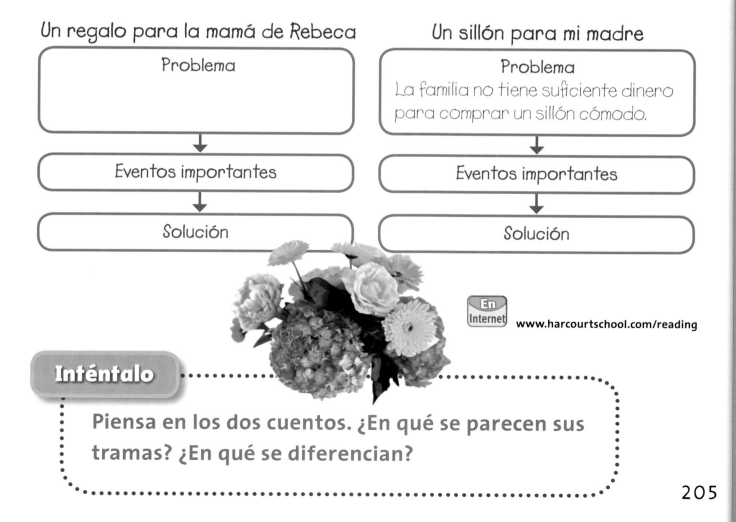

Un regalo para la mamá de Rebeca

Problema

↓

Eventos importantes

↓

Solución

Un sillón para mi madre

Problema La familia no tiene suficiente dinero para comprar un sillón cómodo.

↓

Eventos importantes

↓

Solución

En Internet www.harcourtschool.com/reading

Inténtalo

Piensa en los dos cuentos. ¿En qué se parecen sus tramas? ¿En qué se diferencian?

Vocabulario

Desarrollar un vocabulario rico

apenas

admitir

serio

gracioso

mismo

probable

Carta de José

Queridos Mamá y Papá:

La vida en la granja de la tía Rosa es muy diferente de la vida en la ciudad. Nos despertamos cuando canta el gallo. ¡Eso es demasiado temprano, **apenas** amanece! Después, damos de comer a los animales.

La primera mañana yo estaba muy cansado para hablar. No quería **admitir** que estaba cansado, pero no hacía chistes y casi no hablaba. La tía Rosa me preguntó por qué estaba tan **serio**. Le dije que estaría más alegre una vez que terminara de despertarme.

Luego, dije algo que a la tía le pareció muy **gracioso**. Le pregunté si podíamos encerrar al gallo en un armario oscuro y así, sin ver el sol, no cantaría temprano en la mañana. La tía dio una carcajada y dijo que yo había vuelto a ser el **mismo**.

Es **probable** que más tarde les vuelva a escribir, pero ahora iré a andar a caballo con el primo Tomás.

Los quiero mucho,
José

 www.harcourtschool.com/reading

Campeones **de las palabras**

 Esta semana debes usar las palabras del vocabulario al hablar con otras personas. Por ejemplo, puedes preguntarle a un compañero si quiere que le cuentes algo **serio** o algo **gracioso**. Cada día, anota en tu diario del vocabulario las oraciones que usaste.

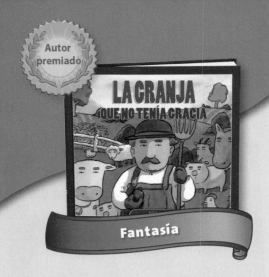

Fantasía

Estudio del género

Un cuento de fantasía narra una historia que no podría ocurrir en la vida real. Busca

- personajes imaginarios.
- acontecimientos imaginarios.

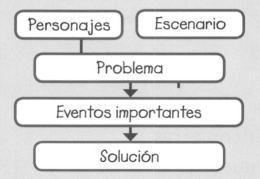

Personajes   Escenario

Problema

Eventos importantes

Solución

Estrategia de comprensión

Usa la estructura del cuento para pensar cómo hacen los personajes para resolver su problema.

LA GRANJA
QUE NO TENÍA GRACIA

por
TIM EGAN

El granjero Alfredo nunca se reía. Y no es que fuera
una persona triste, es que era muy serio.

—El trabajo de granja es cosa seria —decía—. El
maíz no tiene ninguna gracia.

Y como era su granja, todos los animales se
comportaban igual que Alfredo. Todos eran muy serios.

Cuando Alfredo decía: "Los tomates no
tienen chiste", todos le daban la razón.

Los cerdos, las vacas, los caballos, los pollos,
los conejos y las ovejas eran todos sumamente
serios.

Una noche, la vaca Edna dijo:

—Tenemos que conseguir que Alfredo se ría.
Porque, vamos a ver, está bien que uno sea serio, pero
no todo el tiempo. Nos hace falta un poco de risa.

—Debo admitir —dijo la cabra Berni—, que me
gustaría volver a reír.

Berni abrió la boca y enseñó todos los dientes.
Pero no le salió una sonrisa muy convincente.
Los animales decidieron que necesitaban un
plan para que la granja fuera más divertida.

213

A la mañana siguiente, cuando el sol salía, Edna se
paró sobre la cerca, en el mismo lugar donde el gallo
Corolino se posa todos los días.

Apenas podía mantener el equilibrio.

Trató de gritar: "Qui-qui-ri-quí", pero como era una
vaca, en nada se pareció aquello al canto de un gallo.
Era la primera vez en meses que alguien trataba de
hacer algo chistoso, y a todos los animales les dio risa.

El granjero Alfredo sólo se asomó a la ventana y dijo:

—No eres un gallo.

Y cerró la ventana y se volvió a acostar.

—¡Vaya! —dijo Edna—. Esto va a resultar más difícil de lo que pensaba.

215

La mañana transcurrió seria, como de costumbre. Alfredo seguía diciendo cosas como "El brócoli no tiene gracia" y "Nunca me han dado risa los pimientos".

—Muy bien —les dijo Edna a los demás—, vamos a intentar otra cosa.

Esa tarde, cuando Alfredo fue a darles de comer, los cerdos se pusieron a ladrar como perros. A todos les pareció comiquísimo; a todos menos al granjero Alfredo.

—Eso suena más raro que gracioso —dijo mientras se alejaba.

—A ver —dijo Edna—, esto no está funcionando. Probemos algo diferente.

Los animales se colaron en la casa y sacaron del armario algo de ropa de Alfredo y se la pusieron. Parece fácil, pero no lo fue.

Esa noche, mientras la luna iluminaba los campos, Berni
tocó el timbre. El granjero Alfredo salió al portal y exclamó:
    —¿Pero qué es lo que está pasando aquí?
    Los animales bailaban por todos lados disfrazados
de Alfredo.

Eran unos bailarines terribles, lo que hacía la cosa
aún más chistosa. Pero el granjero Alfredo sólo dijo:
—Procuren no ensuciarme la ropa.
Y entró de nuevo a la casa sin sonreír para nada.

Durante las dos semanas que siguieron, los animales hicieron todo lo posible por lograr que Alfredo al menos sonriera, pero nada pudo lograrlo.

La situación se volvió desalentadora.

Una noche, los animales se reunieron en el granero.

—A ver, yo no sé ustedes —dijo Edna—, pero yo no puedo más con esta situación. Yo necesito vivir en un sitio más divertido. Me voy.

Todos estuvieron de acuerdo con Edna y
empacaron sus cosas, que no eran muchas,
y se marcharon en plena noche.

A la mañana siguiente, no se oyó ni un gallo ni una
vaca. El granjero Alfredo se asomó y vio que los animales
no estaban.

—¡Oh, no! —dijo—, todos los animales se han ido.

El granjero Alfredo se puso triste en el acto. Porque,
vamos a ver, ser serio es una cosa y estar triste es otra.

A Alfredo no le gustaba para nada la tristeza que sentía.

Se subió a su camión y salió por la carretera en busca de sus amigos.

Manejó unas cuatro millas, pero no vio señales de los animales por ningún lado. Entonces escuchó unas risas a lo lejos.

Siguió el sonido de las risas y vio a los animales caminando por el bosque.

Se bajó del camión, se adentró en el bosque y les preguntó:

—¿Qué está pasando aquí?

—No podíamos soportarlo —dijo Edna—. Tratamos de animarte, pero no lo conseguimos, así que nos fuimos corriendo. Bueno, en verdad, nos hemos ido caminando.

Los otros animales asintieron.

—Pero así no se soluciona un problema —dijo el granjero Alfredo—. Uno no se va así como así. Vamos a ver, es verdad que soy muy serio, pero eso no significa que ustedes tengan que serlo. Y además somos una familia. Yo cuido de ustedes. Yo los necesito. Y eso sin contar con que ustedes en la granja están a salvo. Aquí en el bosque, lo más probable es que en uno o dos días se los coman los leones.

Los animales pensaron por un momento en lo que Alfredo
estaba diciendo. Y mientras hablaban entre susurros del tema de
los leones, el granjero Alfredo masculló:

—Vacas y pollos sueltos por su cuenta en el bosque, je, je.

Edna se volteó deprisa y dijo:

—¿Qué fue eso?

—Creo que se rió un poquito —dijo Berni.

—Sí —dijo un pollo—. Yo lo oí. No fue una carcajada, pero se rió.

—Muy bien, granjero Alfredo —dijo Edna—, visto y comprobado, con eso nos basta. Y nosotros también te queremos. Supongo que ya podemos volver a la granja.

Los demás animales asintieron con la cabeza y dijeron cosas como "Estoy de acuerdo" y "Buena idea" y "Volvamos".

Se subieron al camión y el granjero Alfredo los llevó a casa.

A partir de ese día, los animales consiguieron
que Alfredo se riera un poco más, sobre todo
cuando le recordaban lo de las vacas y los pollos
sueltos por su cuenta en el bosque. Eso sí, Alfredo
sigue sin encontrarle la gracia al maíz.

Pensamiento crítico

1 ¿Qué problema tienen los animales del cuento?

 TRAMA

2 ¿Por qué los animales se van de la granja?

DETALLES IMPORTANTES

3 ¿Por qué crees que el granjero Alfredo se puso triste cuando vio que los animales no estaban?

SACAR CONCLUSIONES

4 ¿Qué hizo o dijo el granjero Alfredo que convenció a los animales de volver a la granja? ¿Cómo lo sabes? INFERIR

5 **ESCRIBE** ¿El granjero Alfredo se preocupa por sus animales? ¿Cómo lo sabes? Incluye ejemplos del cuento en tu explicación.

RESPUESTA BREVE

Tim Egan

Antes de comenzar a escribir libros para niños, Tim Egan tuvo otros trabajos. Pero en su tiempo libre se dedicaba a dibujar animales y personajes imaginarios. Su esposa vio sus dibujos y le dijo que debía escribir un libro para niños. A él le pareció divertido, así que decidió intentarlo. Desde entonces ha escrito e ilustrado muchos libros para niños.

En Internet www.harcourtschool.com/reading

¡A jugar con rimas!

Poesía

¡A jugar con rimas!

poemas de Charley Hoce
ilustrado por Eugenie Fernandes

El cabrito travieso

Regañaron al cabrito
por las locuras que hacía.
Pero no me enojé mucho
porque es tan sólo una cría.

234

Mi vaca sale a bailar

Mi vaca sale a bailar.
Se viste de maravilla.
En un traje hawaiano,
esconde sus pantorrillas.

Familia de granjeros

Mamá zurce los vaqueros.
Abuela hace camisillas.
Pero mi padre en el campo
es el que siembra semillas.

235

Enlaces

Comparar textos

1 ¿Qué hacen las vacas de "La granja que no tenía gracia" y la de "Mi vaca sale a bailar"?

2 ¿Qué cosas te hacen reír?

3 ¿En qué se diferencian los animales de "La granja que no tenía gracia" de los animales reales?

Fonética

Hacer tarjetas ilustradas

Escribe palabras llanas (graves) y dibuja una tarjeta para cada una. Muestra tus palabras a un compañero.

tormenta

camisa

manzana

Práctica de la fluidez

Teatro leído

Representa con un grupo el cuento "La granja que no tenía gracia". Piensa en cómo sonarían las voces de los personajes. ¡Y haz las voces que harían los animales!

Escritura

Escribir un cuento

Escribe un cuento acerca de alguien que quiere hacer reír a otra persona. Planea qué ocurrirá al principio, en el medio y al final. Piensa en qué problema deberán resolver tus personajes. Luego, escribe el cuento.

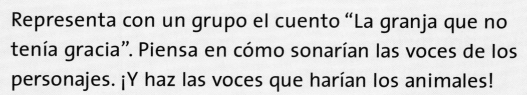

Mi lista de cotejo

Característica de escritura ▶ Fluidez de las oraciones

✔ Uso un mapa del cuento para planear mi escritura.

✔ Mis oraciones suenan como si estuviera hablando.

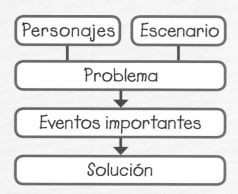

```
[ Personajes ]  [ Escenario ]
        |            |
     [ Problema ]
           |
   [ Eventos importantes ]
           |
      [ Solución ]
```

Contenido

Lección 23

No ficción

CICLOS DE VIDA

Las abejas

EL NEGOCIO DE LAS ABEJAS
por Dimarie Santiago

No ficción

239

Destreza fonética

Palabras esdrújulas

Observa las fotos. Indica cuáles muestran una palabra esdrújula.

león

témpano

lápices

estadio

océano

bandera

Observa las siguientes palabras. Indica cuáles de ellas son esdrújulas.

célebre   dolor   rápido   orden   paciente   esdrújula

240

Lee las palabras de la izquierda. Piensa qué plurales de las palabras de la derecha serían palabras esdrújulas.

árbol: árboles

fácil

simple

difícil

tronco

arbusto

camión

automóvil

 www.harcourtschool.com/reading

Inténtalo

Lee la palabra de la izquierda. ¿Qué palabra de la derecha tiene la misma acentuación?

pájaros

cántaros
camarones

241

seguras

almacenar

ataque

enemigo

cuerpo

desaparecer

Cómo se hace la miel

¡Las tostadas con miel son muy ricas! Pero ¿cómo se hace la miel?

Las abejas hacen miel en sus colmenas. Los apicultores son las personas que se encargan de cuidar y mantener **seguras** a las abejas.

Los apicultores tienen cajas especiales en donde se encuentran las abejas. Estas cajas se llaman "colmenas" y son el hogar de las abejas. Allí se encargan de **almacenar** la miel, que también es su alimento.

Como las abejas pueden picar, los apicultores pueden sufrir un **ataque**. Esto sucede porque a veces las abejas consideran **enemigo** a quien se acerca a las colmenas. Por eso, esas personas usan trajes especiales, para proteger su **cuerpo**. Aunque estos trajes no hacen **desaparecer** a las abejas, ¡son resistentes a los aguijones!

 www.harcourtschool.com/reading

Escribientes

Esta semana debes usar las palabras del vocabulario en tu escritura. Por ejemplo, puedes escribir una nota a tu maestra que diga "Hoy voy a ayudar a mi mamá a **almacenar** la comida que ella compra en la tienda". Al final de cada día, anota en tu diario del vocabulario las oraciones que usaste.

No ficción

Estudio del género

Un texto de no ficción da información sobre el mundo. Busca

- elementos gráficos, como diagramas, que agreguen datos.

- párrafos con ideas principales y detalles.

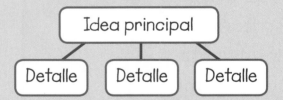

Estrategia de comprensión

Resumir un texto es útil para pensar en las ideas más importantes.

por Sabrina Crewe

Las abejas

¿Qué hay dentro del árbol?

Dentro del tronco del árbol hay una colmena. La colmena se compone de varias partes llamadas panales. En una colmena viven miles de abejas.

Las abejas trabajan juntas.

Las abejas hembras son las que cuidan la colmena y se llaman abejas obreras. Las abejas obreras fabrican cera dentro de su cuerpo. Con la cera construyen las celdillas de los panales.

Observa este panal.

Todas las celdillas tienen
seis lados. —

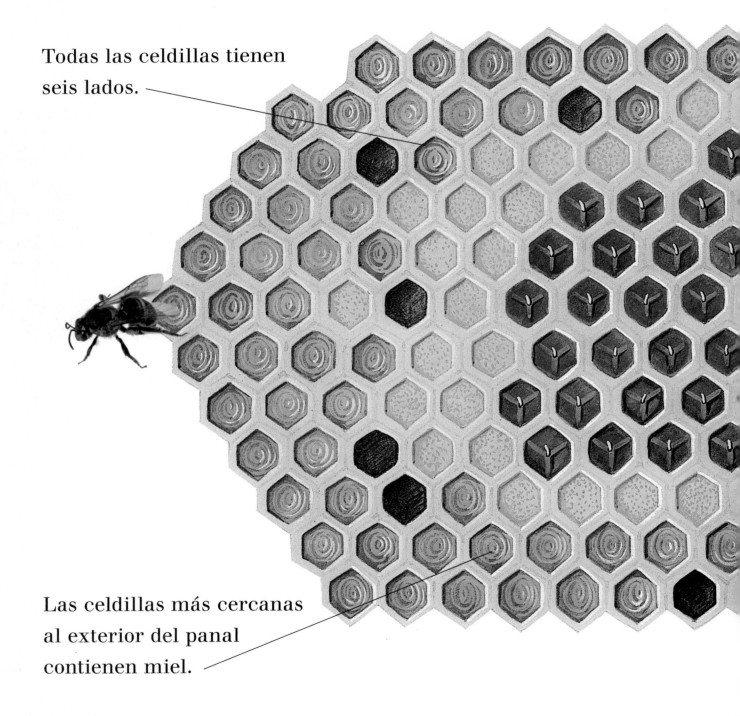

Las celdillas más cercanas
al exterior del panal
contienen miel.

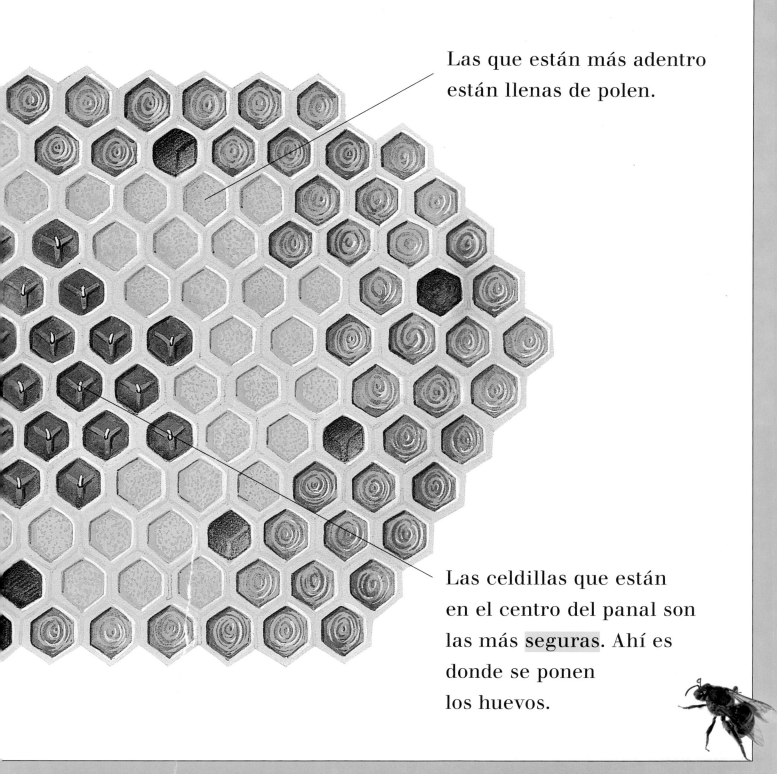

Las que están más adentro están llenas de polen.

Las celdillas que están en el centro del panal son las más seguras. Ahí es donde se ponen los huevos.

249

La abeja reina pone huevos.

La única abeja de la colmena que puede poner huevos es la abeja reina. La abeja reina es más grande que las abejas obreras. Las abejas obreras la alimentan y la cuidan bien. Cuando la abeja reina pone los huevos, las obreras se agolpan a su alrededor.

La abeja reina pone muchos huevos.

La abeja reina puede poner cientos de huevos en un día, cada uno en su propia celdilla. Los huevos son muy pequeños.

Tamaño real de los huevos

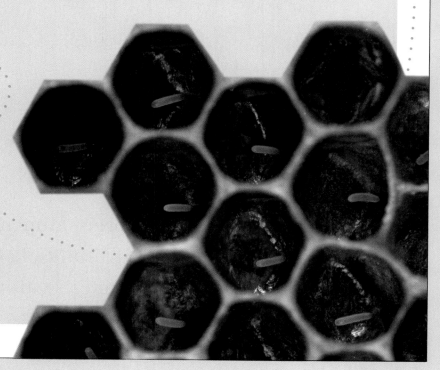

La larva sale del interior del huevo.

Después de tres días, las larvas salen del interior de los huevos. De cada huevo sale una larva. Las larvas permanecen en sus celdillas y las abejas obreras cuidan de ellas.

La abeja obrera alimenta a la larva.

La abeja obrera alimenta a la larva para que crezca. Los primeros tres días, la larva come jalea real. Los tres días siguientes se alimenta de polen y miel.

Las abejas han cubierto las celdillas.

Después de seis días, las larvas han crecido lo suficiente para llenar sus celdillas. Las abejas obreras tapan con cera las celdillas. Dentro, las larvas se convierten en ninfas.

La ninfa se convierte en abeja.

La ninfa descansa en su celdilla. En su interior ocurren muchos cambios. Después de 12 días, la ninfa se convierte en abeja.

La abeja sale al exterior.

La abeja mordisquea la cera para abrir un espacio por donde salir. Al principio, la abeja es muy débil y sus alas nuevas están húmedas. Las obreras más viejas comparten su néctar con las más jóvenes hasta que éstas pueden encontrar su propio alimento.

La abeja nueva comienza a trabajar.

El primer trabajo de una abeja es limpiar las celdillas vacías. La abeja entra en las celdillas y las limpia con mucho cuidado. Una vez limpias, se podrán usar para los próximos huevos.

Las abejas obreras cuidan de los zánganos.

Las abejas obreras jóvenes alimentan a las abejas macho cuando éstos salen de sus celdillas. Las abejas macho reciben el nombre de zánganos. Los zánganos son más grandes que las abejas obreras. También tienen los ojos más grandes. Ellos no hacen ningún trabajo en la colmena.

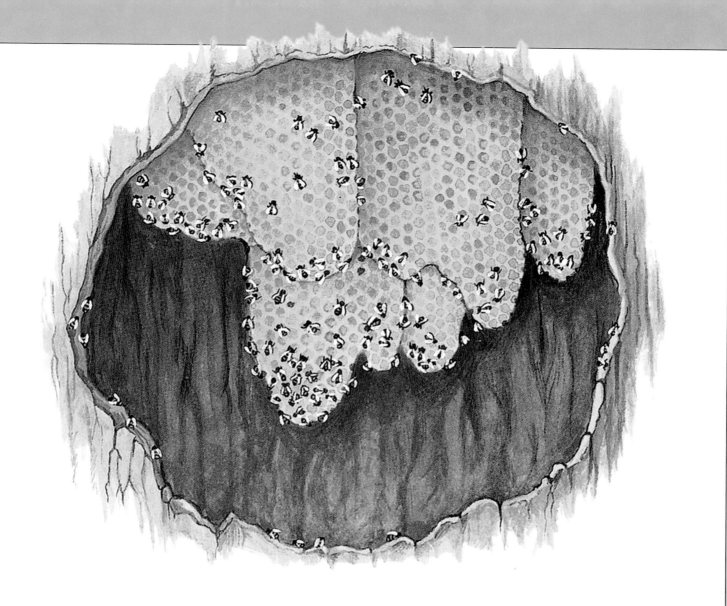

Las abejas vigilan la colmena.

Las abejas obreras empiezan a trabajar en la colmena desde que tienen dos semanas. Limpian y reparan la colmena, y vigilan por si se acerca algún enemigo. Las abejas pican a cualquier enemigo que ataque la colmena.

Las abejas salen volando de la colmena.

Las abejas vuelan por primera vez cuando tienen tres semanas. Hacen un vuelo alrededor de la colmena para conocer su forma y saber dónde está. Ahora, ya están listas para salir en busca de comida.

La abeja visita una flor.

Las abejas extraen el néctar de las flores
con su probóscide. El néctar lo llevan en un
estómago especial. La abeja tiene que sacar el
néctar de muchas flores para llenar su estómago.

La abeja lleva el polen a la colmena.

Mientras la abeja busca el néctar, el polen de las flores se pega a su cuerpo. La abeja recoge el polen en el cestillo de sus patas traseras. Después lo lleva a la colmena.

Las abejas traen el alimento a la colmena.

Las abejas buscan celdillas donde almacenar el polen. Luego, alimentan con el néctar a las obreras jóvenes y a los zánganos. El néctar que sobra se les entrega a las otras obreras, que lo convierten en miel. La miel también se almacena en celdillas.

Esta abeja está danzando.

La abeja que trajo el polen muestra a las demás abejas dónde halló el néctar. Con una danza enseña a las demás abejas en qué dirección deben ir. La abeja danza en círculo muy deprisa si las flores están cerca. Si las flores están lejos, la abeja danza lentamente trazando un patrón similar a un 8.

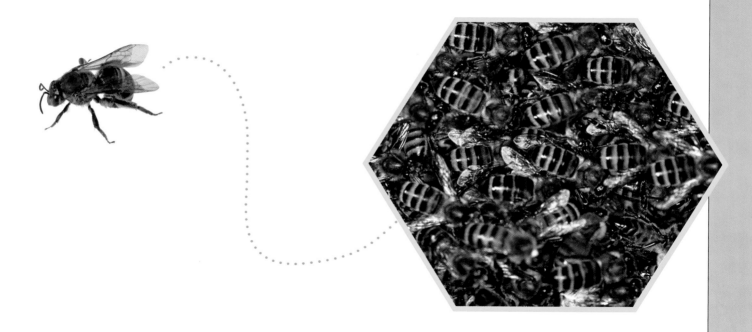

La colmena está muy llena.

La abeja reina ha puesto muchos huevos. La colmena está llena de abejas. Ha llegado el momento de que algunas abejas se vayan.

Las abejas se van en enjambre.

Algunas abejas abandonan la colmena en enjambre. La abeja reina va con ellas. El enjambre se posa en una rama mientras algunas abejas buscan un lugar adecuado para hacer una nueva colmena.

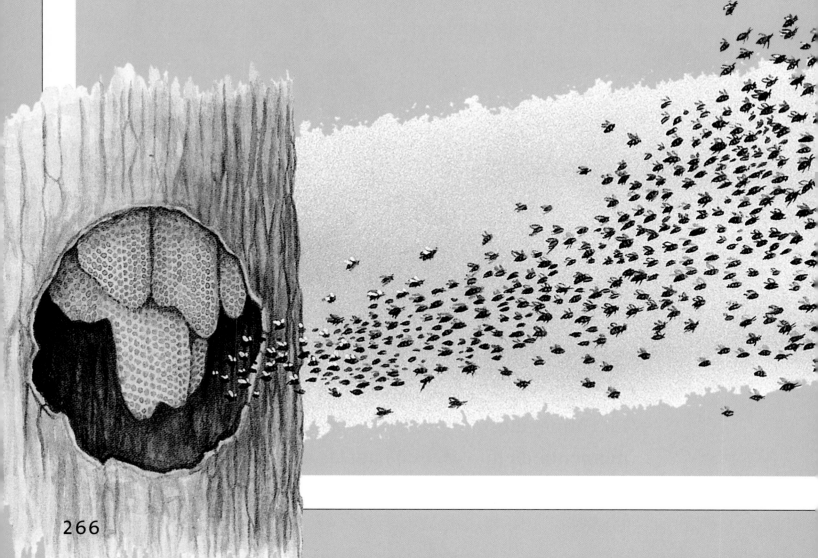

Nace una nueva reina.

En la antigua colmena nace una nueva abeja reina y empieza a depositar sus huevos.

Las celdillas están llenas de miel.

Para el final del verano, las abejas han llenado de miel la colmena. Entonces empiezan a cubrir con cera las celdillas de miel. En el otoño y en el invierno no habrá néctar. Las abejas vivirán de la miel almacenada en sus celdillas.

Las abejas están calentitas en sus colmenas.

Cuando llega el invierno, las abejas comienzan a desaparecer. Se ocultan en su colmena. Allí permanecen juntas hasta la llegada de la primavera, cuando podrán volver a buscar néctar.

269

Las partes de una abeja

Las abejas son insectos. El cuerpo de todos los insectos está formado por tres partes. Estas partes son la cabeza, el tórax y el abdomen. Todos los insectos tienen además seis patas y alas para volar.

Alas
Dos alas a cada lado del cuerpo

Abdomen
Parte posterior del cuerpo

Cestillos del polen
Pelos largos de las patas que llevan el polen

Aguijón
Punta punzante para defenderse de los enemigos

Cabeza
Parte
delantera
del cuerpo

Antenas
Sirven para oler
y sentir objetos
cercanos.

Ojos compuestos
Formados por cientos
de ojos muy pequeños.
Cada uno de ellos ve
una parte de la imagen
completa.

Probóscide
Boca con la que
succionan agua y
néctar

Tórax
Parte media
del cuerpo

Pensamiento crítico

1. Observa el diagrama de las páginas 270-271. ¿Qué es el tórax? ELEMENTOS GRÁFICOS

2. ¿Cuáles son las cuatro etapas del ciclo de vida de una abeja? SACAR CONCLUSIONES

3. ¿Qué construyen las abejas obreras con la cera que fabrican? DETALLES IMPORTANTES

4. ¿Por qué crees que sólo puede haber una abeja reina en cada colmena? INFERIR

5. **ESCRIBE** ¿Qué tipo de abeja es la abeja que más trabaja en la colmena? Incluye ejemplos de la lectura en tu respuesta.

   RESPUESTA BREVE

Conoce a la autora
Sabrina Crewe

Sabrina Crewe escribe cuentos y poemas desde que era niña. Como muchos miembros de su familia son escritores, ella también quería ser escritora.

Sabrina Crewe ha escrito más de 40 libros para niños. Muchos de sus libros tratan sobre animales. Pero otros tratan sobre acontecimientos de la historia de Estados Unidos.

www.harcourtschool.com/reading

273

No ficción

California

EL NEGOCIO DE LAS ABEJAS

por Dimarie Santiago

¿Sabías que en Estados Unidos se producen más de 300 clases de miel? La clase de miel que una abeja produce depende del tipo de flores que visita. En California, las abejas producen miel de aguacate y miel de azahar, por nombrar sólo dos. Pero es posible que la miel de almendro sea la más importante. ¿Y por qué?

California produce casi la mitad de las almendras del mundo. Sin las abejas, los almendros no podrían crecer en California. ¡Hace falta casi un millón de colmenas de abejas para polinizar las plantaciones de almendro de California!

Las abejas se sienten atraídas por las perfumadas flores del almendro.

Cuando los apicultores trabajan en las colmenas, echan humo para tranquilizar a las abejas.

California es uno de los dos principales productores de miel del país. En años recientes, California produjo unos 15 millones de libras de miel. Casi lo suficiente para que cada californiano consuma media libra. ¿Cuánta miel consumes tú?

275

Enlaces

Comparar textos

1 ¿Qué información dan "Las abejas" y "El negocio de las abejas" sobre la forma en que las abejas producen miel?

2 ¿Qué más te gustaría saber acerca de las abejas?

3 ¿En qué lugares no podrían hacer miel las abejas?

Fonética

Claves de palabras

Haz una lista de palabras esdrújulas y escribe claves para adivinarlas. Túrnate con un compañero para adivinar las palabras del otro usando esas claves.

Esta palabra nombra el continente en el que vivimos.

América

276

Práctica de la fluidez

Lectura cronometrada

Lee el texto en voz alta y pide a un compañero que tome el tiempo que tardas en terminar la lectura. Anota cuánto tardaste. Luego, practica la lectura del texto a una velocidad cada vez mayor sin cometer errores y compara cuánto tardas cada vez.

Escritura

Hacer un diagrama

Busca información sobre un animal que te resulte interesante. Escribe acerca de él. Usa una tabla para planear tu idea principal y los detalles. Luego, haz un diagrama para mostrar las partes del animal.

Mi lista de cotejo

Característica de escritura ▸ Elección de palabras

✔ Mi texto tiene una idea principal y detalles secundarios.

✔ Uso verbos que dan idea de movimiento.

✔ Mi diagrama muestra las partes del animal que elegí.

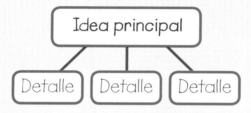

Idea principal

Detalle   Detalle   Detalle

Contenido

No ficción

Observando la naturaleza
por Charman Simon

Un chimpancé
genio de las
computadoras

Artículo de revista

Usar elementos gráficos

A menudo, los textos de no ficción usan **elementos gráficos** para explicar la información de manera más rápida. Algunos ejemplos de elementos gráficos son diagramas, tablas, mapas y gráficas.

- Un diagrama es un dibujo con rótulos. Muestra las partes de algo o cómo funciona algo.

- Una tabla tiene filas, columnas y títulos.

- Un mapa es una ilustración que muestra dónde se encuentran los lugares.

- Una gráfica es una ilustración que da información acerca de cantidades.

Diagrama de una planta

flor

tallo

hojas

raíces

280

Lee este fragmento. Observa el diagrama. Di qué información del fragmento se detalla en el diagrama.

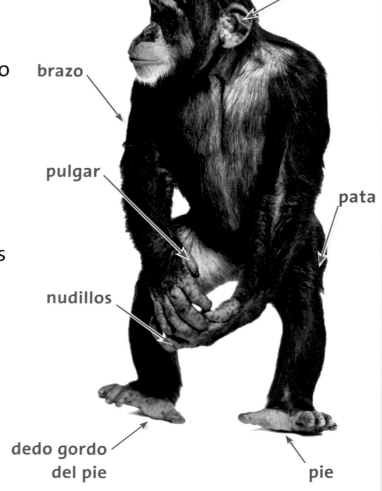

oreja

brazo

pulgar

pata

nudillos

dedo gordo del pie

pie

Los chimpancés pasan mucho tiempo en los árboles. Los pulgares y los dedos gordos de los pies les sirven para agarrar cosas. Usan sus largos brazos para columpiarse entre los árboles. Cuando los chimpancés caminan, generalmente se apoyan en los nudillos y pisan con los otros cuatro dedos.

www.harcourtschool.com/reading

Inténtalo

Vuelve a mirar el diagrama. ¿Qué explica?

Vocabulario

sencillo

agarrar

silencio

personalidad

distancia

arrugadas

Las fotos de Celina

Celina quería tomar fotos de los venados, pero no era **sencillo** encontrarlos. Debido a su color, muchas veces no podemos distinguir entre los venados y los árboles. Celina y su papá decidieron **agarrar** su cámara de fotos y quedarse arrodillados y en **silencio** en un lugar desde donde pudieran ver bien a los venados.

Cuando los venados aparecieron, Celina comenzó a tomar fotografías. Mientras tanto, les fue poniendo nombres a los venados según la **personalidad** de cada uno.

A un venado que frotaba su cabeza contra los árboles, Celina lo nombró "Picazón". A otro que miraba hacia todos lados lo nombró "Curioso". Y a otro que se mantenía siempre a una gran **distancia** del resto, lo nombró "Vergonzoso", porque le hacía recordar a una prima suya que es muy tímida.

Después de una hora de observar a los venados, Celina y su papá se levantaron para volver a la casa. Sus ropas estaban muy **arrugadas**. ¡Celina se preguntó cómo los llamarían a ellos los venados si decidieran ponerles nombres!

En Internet www.harcourtschool.com/reading

Detectives de las palabras

¿En qué otro lugar puedes encontrar las palabras del vocabulario? Busca en carteles y letreros que veas en las calles. Escucha comerciales de radio y canciones. Cuando veas o escuches una de las palabras, escríbela en tu diario del vocabulario y anota dónde la encontraste. ¡Feliz búsqueda de palabras!

No ficción

Estudio del género

Un relato de no ficción brinda información acerca de cosas que ocurren en la vida real. Busca

- párrafos que tengan título.

- elementos gráficos, como líneas cronológicas.

```
┌─────────────────────┐
└─────────────────────┘
          ↓
┌─────────────────────┐
└─────────────────────┘
          ↓
┌─────────────────────┐
└─────────────────────┘
          ↓
┌─────────────────────┐
└─────────────────────┘
```

Estrategia de comprensión

Resume el texto para encontrar las ideas principales.

Observando la naturaleza

por
Charnan Simon

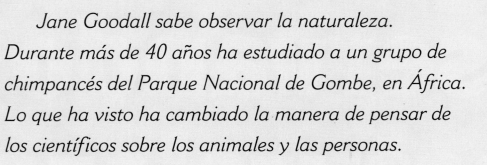

Jane Goodall sabe observar la naturaleza.
Durante más de 40 años ha estudiado a un grupo de
chimpancés del Parque Nacional de Gombe, en África.
Lo que ha visto ha cambiado la manera de pensar de
los científicos sobre los animales y las personas.

El viaje a África

Jane tenía 26 años la primera vez que fue a Gombe. Era el año 1960 y, hasta ese entonces, nadie había estudiado a los chimpancés en su medio. Jane tenía un plan muy sencillo. Viajaría a África y buscaría a los chimpancés. Y entonces se sentaría en silencio y observaría cómo vivían.

◄ Jane Goodall

Parque Nacional de Gombe ▶

Observando y aprendiendo

Cuando Jane llegó a Gombe, escuchó a los chimpancés llamarse de un valle a otro. Encontró frutas mordisqueadas debajo de los árboles donde se habían detenido a comer. Pero no vio a ningún chimpancé. ¡Eran muy tímidos! Cada vez que ella se acercaba, los chimpancés se alejaban rápidamente.

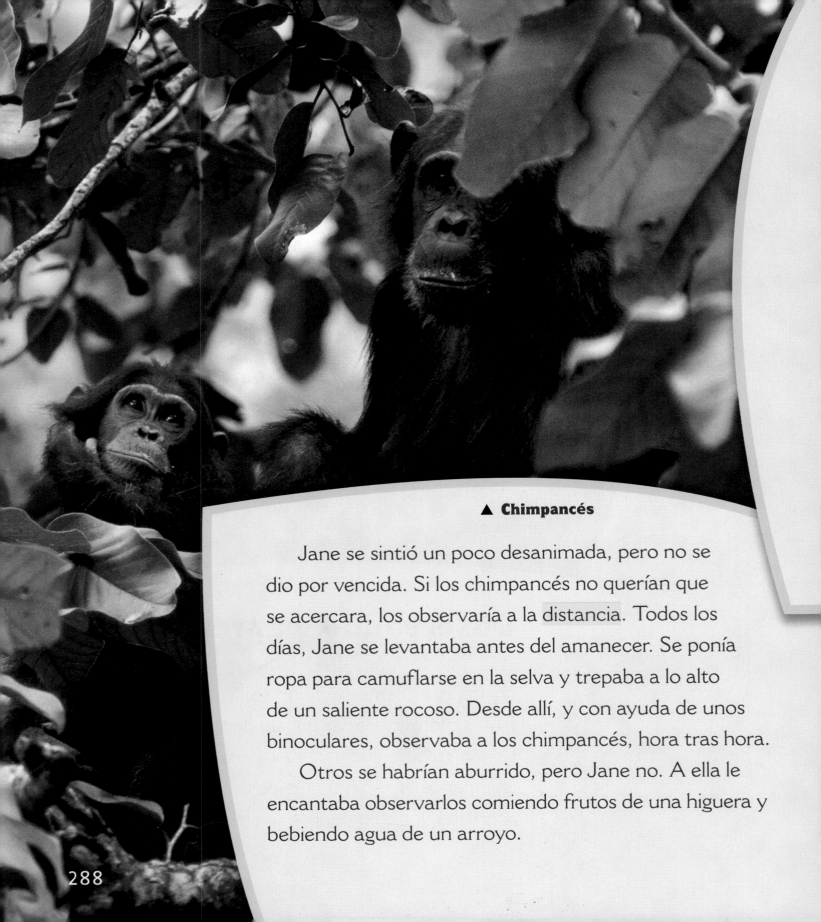

▲ **Chimpancés**

Jane se sintió un poco desanimada, pero no se dio por vencida. Si los chimpancés no querían que se acercara, los observaría a la distancia. Todos los días, Jane se levantaba antes del amanecer. Se ponía ropa para camuflarse en la selva y trepaba a lo alto de un saliente rocoso. Desde allí, y con ayuda de unos binoculares, observaba a los chimpancés, hora tras hora.

Otros se habrían aburrido, pero Jane no. A ella le encantaba observarlos comiendo frutos de una higuera y bebiendo agua de un arroyo.

Los veía saludarse con abrazos y besos. Y les sonreía a las crías encaramadas en la espalda de sus madres o hechas un ovillo en sus regazos.

Jane tomaba nota de todo lo que veía. Escribió que, al llegar la noche, los chimpancés se hacían un cómodo nido de ramas grandes y pequeñas en lo alto de las copas de los árboles. Observó a las madres acurrucarse con sus crías y luego agarrar un puñado de hojas para hacerse una almohada. Por la mañana, cuando los chimpancés abandonaban los nidos, ¡Jane se subía a probarlos ella misma!

Haciendo nuevos amigos

Poco a poco, los chimpancés empezaron a acostumbrarse a Jane y dejaron que se acercara cada vez más. Jane comenzó a ponerles nombres a los chimpancés que reconocía. David Barbagris tenía una barba plateada y una manera de ser muy serena. La Vieja Flo era fea, con una nariz grande y orejas irregulares, pero era una madre maravillosa. El Sr. Gregorio le recordaba al jardinero de *El cuento de Pedro, el conejo.*

▲ **Chimpancé con su bebé**

En aquella época, los científicos pensaban que, para nombrar a los animales que estudiaban, debían usarse números en lugar de nombres. Pero Jane no estaba de acuerdo. Ella notó que los chimpancés tenían personalidad propia. Por esa razón, creía que se les debían dar nombres propios. Hoy en día, muchos científicos les ponen nombres a los animales que observan en su medio.

Observando el uso de herramientas

Un día, Jane vio algo que la sorprendió. David Barbagris estaba sentado junto a un montículo de tierra roja lleno de termitas. Introdujo un tallo largo en un agujero del montículo. Lo sacó y se comió a las crujientes termitas que se habían quedado agarradas al tallo.

◄ Flo busca termitas, mientras su pequeño hijo observa y aprende.

Jane estaba maravillada. ¡David Barbagris había usado el tallo como herramienta! Hasta ese entonces, los científicos pensaban que sólo los seres humanos usaban herramientas. Además, Jane vio a los chimpancés usar otras herramientas. Una vez, un chimpancé agarró un puñado de hojas para limpiarle la nariz sucia a su hermano pequeño. En muchas ocasiones, los chimpancés usaban hojas arrugadas como si fueran esponjas. Con ellas extraían agua para beber de los troncos huecos.

293

Línea cronológica de Jane Goodall

1930   1940   1950   1960

1934
Nace Jane.

1942
Jane recibe un libro sobre un doctor que viaja a África para ayudar a los monos.

1960
Jane viaja a Gombe, en África.

1961
Jane observa por primera vez a un grupo de chimpancés usando herramientas.

Su historia

En el curso de los siguientes 40 años, Jane escribió varios libros sobre sus fascinantes descubrimientos. Aprendió que los chimpancés viven en familia y que hacen amistades que duran toda la vida. También cazan y educan a sus crías. Pueden sentirse alegres o tristes, enojados o temerosos.

Y todo comenzó con una mujer que supo sentarse en silencio y observar con atención.

1970   1980   1990

1977
Jane funda el Instituto Jane Goodall, que trabaja para ayudar a proteger la selva y los chimpancés.

1986
Jane comienza a hablar por todo el mundo sobre las necesidades que tienen los chimpancés.

295

Pensamiento crítico

1 ¿En qué año observó Jane Goodall a los chimpancés usando herramientas?

ELEMENTOS GRÁFICOS

2 ¿Por qué Jane Goodall no vio a los chimpancés cuando llegó por primera vez a Gombe? CAUSA Y EFECTO

3 ¿Por qué se sorprendió Jane Goodall cuando vio a David Barbagris usando herramientas? DETALLES IMPORTANTES

4 ¿Por qué la autora cuenta cómo se llaman algunos de los chimpancés y cuál es su comportamiento?

PROPÓSITO DEL AUTOR

5 **ESCRIBE** ¿Qué cosas aprendieron otros científicos gracias a Jane Goodall? Incluye detalles e información que aparezca en el texto.

RESPUESTA DESARROLLADA

Conoce a la autora
Charnan Simon

A Charnan Simon le fascinan los libros.
Cuando era pequeña, iba a la biblioteca al
menos una vez por semana.

Charnan Simon ha escrito muchísimos
libros y artículos para niños. Sus actividades
favoritas son leer, escribir y estar con su
familia.

En Internet www.harcourtschool.com/reading

297

Un chimpancé genio de las computadoras

de la revista *Ask*

A Keo nunca se le olvida un rostro.

Keo es un chimpancé que vive en el zoológico Lincoln Park de Chicago. Cinco veces a la semana, Keo se sienta frente a la pantalla de una computadora especial. La pantalla le muestra la cara de un chimpancé que nunca ha visto. Cuando Keo toca la imagen del chimpancé, recibe algo de comer. A continuación, la pantalla le muestra dos imágenes, una del primer chimpancé y otra de un chimpancé diferente. Si toca la imagen del primer chimpancé, Keo recibe otro bocadillo.

Keo practica este juego 30 veces al día. Tras meses de práctica, ahora puede ver los 30 rostros en tan sólo unos minutos.

Otros dos simios del zoológico, un chimpancé y un gorila, usan la computadora para aprender los números del 1 al 9.

El trabajo con la computadora es voluntario. Hasta ahora, sólo tres de los nueve simios que lo han intentado han seguido usándola.

Los científicos esperan que en poco tiempo todos los simios del zoológico usen programas informáticos para decir qué comidas les gustan más y las actividades que prefieren. Observar cómo los simios trabajan con las computadoras podría ayudar a los científicos a conocer mejor el comportamiento de los animales.

Enlaces

Comparar textos

1 ¿En qué se parecen los chimpancés de "Observando la naturaleza" y "Un chimpancé genio de las computadoras"?

2 ¿Qué animal te gustaría observar? Explica por qué.

3 ¿Qué otros métodos pueden usar los científicos para aprender acerca de los animales?

Fonética

Hacer una tabla

Escribe las palabras *que/qué* y *como/cómo* en una tabla. Debajo de cada par, escribe algunas oraciones en las que esa palabra lleve acento escrito y otras en las que no. Luego, léelas a un compañero.

que/qué	como/cómo
Creo que hoy lloverá.	¿Cómo te fue en las vacaciones?

Práctica de la fluidez

Leer con un compañero

Túrnate con un compañero para leer en voz alta una página cada uno de "Observando la naturaleza". Intenta leer cada oración a la velocidad a la que hablas normalmente.

Escritura

Escribir acerca de un evento

Escribe acerca de eventos importantes de tu vida. Cuéntalos en el orden en que ocurrieron. Usa una tabla para planear lo que vas a contar primero, después y al final.

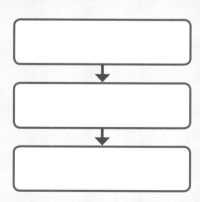

Mi lista de cotejo

Característica de escritura → Elección de palabras

✔ Uso una tabla para planear mi escritura en orden cronológico.

✔ Uso palabras que ayudan al lector a imaginarse lo que sucede.

✔ Uso palabras como *primero, después y al final.*

Contenido

Lección 25

Repaso del tema y desarrollo del vocabulario

Teatro leído
ENTREVISTA

El ayuntamiento

Lectura de un texto de ficción
FÁBULA

¡Paciencia! ¡Paciencia!

pueblo

estudiantes

área

opinión

servir

fiesta

Leer para adquirir fluidez

Cuando leas un diálogo en voz alta,

- para leer con expresividad, piensa en cómo se sienten los personajes.

- lee con la misma velocidad con la que hablas.

ayuntamiento

El ayuntamiento

Personajes

Maestra   Alcaldesa

Cristóbal   Dirigente del pueblo 1

Camila   Dirigente del pueblo 2

Escenario

El ayuntamiento de un pueblo pequeño

Maestra: Buenos días, señora alcaldesa. Le presento a dos de mis estudiantes, Cristóbal y Camila.

Cristóbal: Los estudiantes de nuestra escuela están interesados en saber sobre el parque que se está construyendo en el pueblo.

Camila: Nos gustaría hacerles unas preguntas a usted y a otros dirigentes para luego informarles a nuestros compañeros.

Alcaldesa: Responderemos sus preguntas con mucho gusto.

305

Cristóbal: ¿Por qué decidieron construir un parque nuevo?

Alcaldesa: La gente de nuestro pueblo necesita un lugar adonde ir a pasear con su familia.

Camila: ¿Qué tendremos en el parque nuevo?

Alcaldesa: Tendremos muchas cosas para entretenernos, incluyendo un área de juegos. La gente de nuestro pueblo tiene gustos muy diversos. Todos tienen intereses diferentes y, por lo tanto, quieren cosas diferentes.

Dirigente del pueblo 1: Le preguntamos a la gente qué cosas quería tener en el nuevo parque.

Dirigente del pueblo 2: Recibimos muchas cartas y las leímos todas.

Cristóbal: ¿Entonces están haciendo todo lo que los ciudadanos pidieron?

Alcaldesa: No, eso sería imposible.

Camila: ¿Cómo decidieron entonces qué cosas harían?

Alcaldesa: Analizamos cuidadosamente todo lo que la gente había pedido. La opinión de nuestro pueblo es un asunto muy serio para nosotros, pero también tenemos que tomar decisiones.

307

Dirigente del pueblo 1: Llevar a cabo un buen plan para el parque resultó extremadamente difícil.

Dirigente del pueblo 2: Nos costó mucho trabajo, pero valió la pena.

Cristóbal: ¿Qué quiere decir con eso?

Dirigente del pueblo 2: Al escuchar la opinión de todos, pudimos servir mejor a la comunidad.

Camila: ¿Qué quiere decir con "servir a la comunidad"?

Alcaldesa: La función de los dirigentes del pueblo es ayudar a todas las personas que viven en él. Tenemos que estar seguros de que no nos olvidamos de nadie.

Camila siente curiosidad. ¿Cómo debes leer su pregunta?

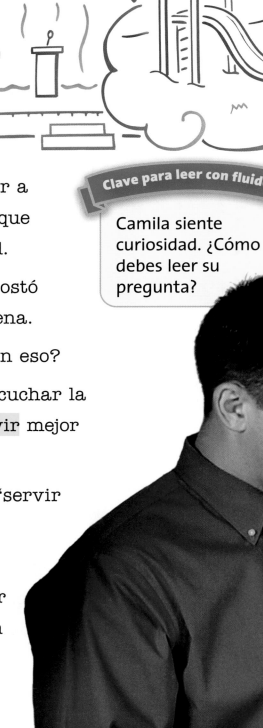

área de juegos

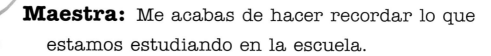

Maestra: Me acabas de hacer recordar lo que estamos estudiando en la escuela.

Cristóbal: A mí también. Estamos aprendiendo sobre el trabajo de los dirigentes del pueblo.

Camila: Nunca antes había pensado en lo trabajoso que es dirigir un pueblo.

Alcaldesa: Algunas cosas son más sencillas que otras. La mayoría estuvo de acuerdo en construir un área de juegos en el parque. Ésa fue una decisión fácil.

Dirigente del pueblo 1: Muchos también pidieron que se hicieran vías para los ciclistas.

Dirigente del pueblo 2: Por eso decidimos hacer varias vías para las bicicletas. Así, las bicicletas no entorpecen el paso de los que van al parque a caminar y a correr.

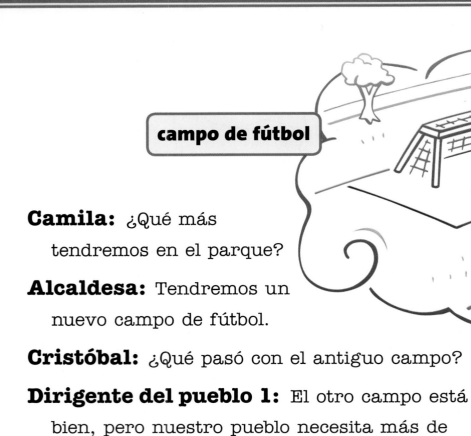
campo de fútbol

Camila: ¿Qué más tendremos en el parque?

Alcaldesa: Tendremos un nuevo campo de fútbol.

Cristóbal: ¿Qué pasó con el antiguo campo?

Dirigente del pueblo 1: El otro campo está bien, pero nuestro pueblo necesita más de uno.

Dirigente del pueblo 2: Hay tantos niños en nuestro pueblo que juegan al fútbol que necesitábamos otro.

Camila: Están haciendo muchas cosas para los niños, pero ¿qué habrá para los adultos?

Alcaldesa: Estamos haciendo un área grande, donde las familias que vengan los fines de semana y días de fiesta puedan sentarse a comer. Y habrá muchos bancos para que la gente pueda descansar cómodamente.

310

área para comer

Clave para leer con fluidez

La alcaldesa está explicando algo. Lee esta parte a una velocidad que les permita a los demás entender lo que dice la alcaldesa.

Dirigente del pueblo 1: También decidimos hacer un área para los que tienen perros.

Dirigente del pueblo 2: Mucha gente tiene perros en nuestro pueblo. Ellos nos dijeron que sus perros necesitan un lugar para jugar. El problema era que a otras personas no les gustaba la idea de que hubiese perros sueltos por todas partes.

Alcaldesa: Lo pensamos y analizamos, y encontramos la manera de que todos se sientan contentos. Ahora tendremos un lugar donde los perros pueden correr libremente sin molestar a los demás.

311

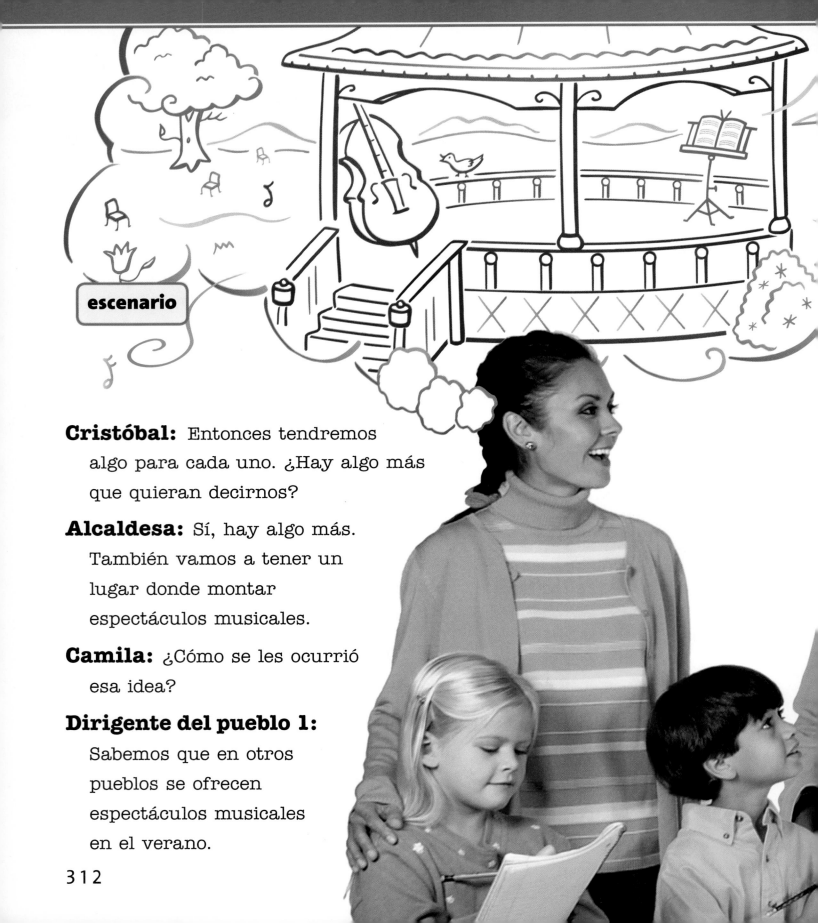

escenario

Cristóbal: Entonces tendremos algo para cada uno. ¿Hay algo más que quieran decirnos?

Alcaldesa: Sí, hay algo más. También vamos a tener un lugar donde montar espectáculos musicales.

Camila: ¿Cómo se les ocurrió esa idea?

Dirigente del pueblo 1: Sabemos que en otros pueblos se ofrecen espectáculos musicales en el verano.

312

Dirigente del pueblo 2: Nos pareció una buena idea hacerlo aquí también.

Cristóbal: ¿La gente lo pidió?

Alcaldesa: No, pero pensamos que les iba a gustar.

Dirigente del pueblo 1: Todos se entusiasmaron mucho con la idea.

Dirigente del pueblo 2: Tendremos espectáculos musicales y de teatro para las personas de todas las edades.

Maestra: Gracias por responder nuestras preguntas.

Camila: Yo tengo una más: ¿cuándo se inaugurará el parque?

Dirigente del pueblo 1: Pensamos inaugurarlo el Cuatro de Julio.

Dirigente del pueblo 2: Vamos a dar una gran fiesta.

Alcaldesa: Todo el pueblo está invitado. Habrá música y muchos juegos divertidos.

Cristóbal: ¡Ya sé adónde iré el Cuatro de Julio!

Camila: ¡Yo también! ¡Qué ganas tengo de que llegue ese día!

Clave para leer con fluidez

Los signos de exclamación indican emociones. Lee esta frase con emoción.

315

Lectura de una fábula

Enlace a la lectura de ficción Las fábulas
son cuentos que se han contado por mucho
tiempo. En estos cuentos, se narra una historia
que termina con una enseñanza. Las notas
de la página 317 muestran algunas de las
características que tienen las fábulas. Busca
esta información cada vez que leas una fábula.

Repasar las estrategias de enfoque

También puedes usar las estrategias que ya
conoces para leer la fábula.

Usar la estructura del cuento

Usa tus conocimientos acerca de cómo se organiza un
cuento para comprender lo que lees. Piensa en cómo
son los personajes y el escenario de la fábula, y en
cuál es el problema que cuenta y cuál la solución.

Resumir

Cuenta cuáles son las ideas más importantes en una o
dos oraciones.

Usa las estrategias de comprensión cuando leas
"¡Paciencia! ¡Paciencia!", en la página 319.

TÍTULO
El título te da la clave para saber de qué va a tratar la fábula.

¡PACIENCIA! ¡PACIENCIA!
Adaptado e ilustrado por Tom Lynch

Un día, mientras olisqueaba el aire en busca de comida, una zorra hambrienta dio con la bolsa del almuerzo de un pastor, que estaba escondida en un viejo árbol hueco. La zorra se metió dentro del árbol y se zampó todo el pan y la carne que encontró. La barriga se le infló de tal modo que ahora no cabía por el agujero del árbol. Por mucho que lo intentó, no pudo salir.

Al oír sus quejidos, otra zorra vino corriendo en su ayuda.

—¿Por qué no te quedas ahí dentro por un rato? —le dijo la otra zorra—. Espera hasta que estés flaca como cuando entraste. ¡Entonces podrás salir fácilmente!

¡Recuerda!
Con paciencia se resuelven muchas dificultades.

PROBLEMA Y SOLUCIÓN
En la trama de una fábula hay un problema y una solución claros.

MORALEJA
La moraleja es lo que la fábula enseña. En general, se encuentra al final de la fábula.

Aplicar estrategias Lee la fábula "¡Paciencia! ¡Paciencia!". A medida que leas, detente y piensa si estás usando las estrategias de comprensión.

Detente a pensar

¿Cómo te ayuda la estructura del cuento a comprender lo que lees? ¿Qué partes de la fábula usarías en un resumen?

¡PACIENCIA! ¡PACIENCIA!

Adaptado e ilustrado por Tom Lynch

Un día, mientras olisqueaba el aire en busca de comida, una zorra hambrienta dio con la bolsa del almuerzo de un pastor, que estaba escondida en un viejo árbol hueco. La zorra se metió dentro del árbol y se zampó todo el pan y la carne que encontró. La barriga se le infló de tal modo que ahora no cabía por el agujero del árbol. Por mucho que lo intentó, no pudo salir.

Al oír sus quejidos, otra zorra vino corriendo en su ayuda.

—¿Por qué no te quedas ahí dentro por un rato? —le dijo la otra zorra—. Espera hasta que estés flaca como cuando entraste. ¡Entonces podrás salir fácilmente!

¡Recuerda!
Con paciencia se resuelven muchas dificultades.

321

Contenido

Ficción

¿Dónde se ha metido mi bagel?

por Frances
Ginger

ilustraciones

Q & A

Corea del Sur

Por Susan E. Haberle

No ficción

Causa y efecto

La **causa** es el motivo por el que algo ocurre. El **efecto** es lo que ocurre a partir de la causa.

Lee esta oración.

José tuvo hambre toda la tarde porque no comió nada en el almuerzo.

La primera parte de la oración dice cómo se sentía José. Ése es el efecto.

La segunda parte de la oración dice por qué José tenía hambre. Ésa es la causa.

Causa		Efecto
José no comió nada en el almuerzo.	→	José tuvo hambre toda la tarde.

Pensar acerca de las causas y los efectos puede ayudarte a comprender por qué ocurren ciertas cosas en los cuentos y qué provoca que los personajes actúen de la manera en que lo hacen.

Lee el siguiente párrafo. Di por qué Juan y Manuel hicieron una pizza.

La pizza

Juan y Manuel decidieron hacer una pizza porque tenían hambre. Juan hizo la masa mientras Manuel cocinaba la salsa. Juan agregó más harina porque la masa estaba pegajosa. Manuel agregó más condimentos porque la salsa no tenía mucho sabor. Por haber trabajado tanto (y gracias al queso que le agregaron al final), ¡Juan y Manuel hicieron una pizza deliciosa!

Causa		Efecto
	→	Hacen una pizza deliciosa.

Inténtalo

Vuelve a leer el párrafo. Di cuál es la causa de que Manuel agregue más condimentos.

En Internet www.harcourtschool.com/reading

Vocabulario

sueño

saborear

bocado

lentamente

maravilloso

convencido

El deseo de Rita

Hace mucho tiempo, en un pequeño pueblo, vivía una niña llamada Rita. Su **sueño** era **saborear** un delicioso **bocado** de pan con mantequilla. Su problema era que no tenía un horno donde hornear el pan. Una noche, Rita vio pasar una estrella y pidió un deseo.

—Oh, estrella brillante —pidió Rita—, por favor, envíame un horno para que pueda cocinar un delicioso pedazo de pan.

Durante varios días, Rita esperó la llegada de un horno. Cuando iba a darse por vencida, un cerdito se acercó **lentamente** a la casa y golpeó la puerta. Traía una caja en sus manos.

—¿Tú pediste un deseo a una estrella? —preguntó el cerdito.

—Sí, pedí un horno —respondió Rita, mientras olía la caja, de donde salía un aroma **maravilloso**.

—Bueno —dijo el cerdito—, a esa estrella no le quedaban hornos, pero sí tenía algo que estoy **convencido** que te puede interesar: ¡mucho pan con mantequilla!

 www.harcourtschool.com/reading

Detectives de las palabras

 ¿En qué otro lugar puedes encontrar las palabras del vocabulario? Busca en tu revista favorita o en un libro. Escucha comerciales de radio y canciones. Cuando veas o escuches una de las palabras, escríbela en tu diario del vocabulario y anota dónde la encontraste.

¿Dónde se ha metido mi bagel?

por Frances Park y
Ginger Park

Ilustraciones de Grace Lin

Ficción

Estudio del género

Un cuento de **ficción** tiene personajes, un escenario y una trama. Busca

- un problema y una solución.

- acontecimientos que lleven a los personajes a actuar de la forma en que lo hacen.

| Causa | → | Efecto |

Estrategia de comprensión

Usa organizadores gráficos como el que aparece arriba para comprender qué ocurre en el cuento.

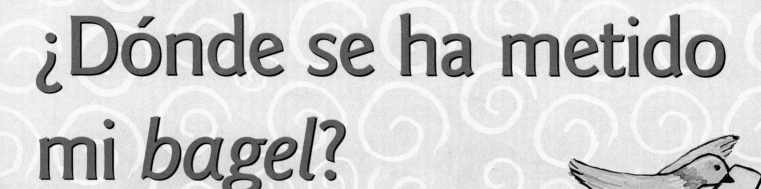

¿Dónde se ha metido mi *bagel*?

por Frances Park y
Ginger Park

ilustraciones de Grace Lin

Había una vez un niño llamado Yum Yung, que vivía en un pueblo donde las montañas tocaban el cielo. En la tierra de Yum Yung, las cascadas se precipitaban en arroyos repletos de peces, que nadaban a toda prisa. Las lilas florecían lentamente en las laderas de las colinas. ¡Pero no había *bagels* de Nueva York!

   De dónde sacó Yum Yung la idea de un *bagel* de Nueva York
es un misterio. Quizás un *bagel* se le apareció en un sueño,
untado con queso crema. O a lo mejor oyó a los gorriones
cantarles a las migajas de un *bagel* en el Central Park.

Sea como sea, Yum Yung no dejaba de pensar en un *bagel* doradito con su peculiar agujero en el centro. De tan sólo pensarlo, le crujía la panza y se le hacía agua la boca.

Yum Yung declaró:

—¡Quiero un *bagel*!

Ahora bien, soñar con un *bagel* de Nueva York era una cosa y comer un *bagel* de Nueva York era otra muy diferente.

Yum Yung se preguntó: "¿Cómo puedo conseguir un *bagel*?" Pensó y pensó, hasta que se le ocurrió una idea: "¡Mandaré un mensaje!"

Se sentó en una roca y comenzó a escribir:

Estimada Nueva York:
  Me gustaría pedir un *bagel* para llevar. Por favor, envíemelo lo más pronto posible.
  Atentamente,
  Yum Yung en Corea

Yum Yung llevó su mensaje a la cima de la montaña, donde las aves se congregaban. Una paloma se posó en su hombro. Yum Yung ató el mensaje a la patita de la paloma y ésta salió volando entre las nubes.

—Paloma —gritó Yum Yung—, ¡por favor, vuelve con mi *bagel*!

Yum Yung esperó y esperó en la cima de la montaña. Esperó hasta que el sol se escondió. Esperó hasta que el cielo estuvo cubierto de estrellas. Pero la paloma no regresó con su *bagel* de Nueva York.

Yum Yung estaba convencido de que su *bagel* se había extraviado. Quizás la paloma lo había soltado en la cima de la montaña equivocada. O a lo mejor se lo había entregado a otra persona.

Sea como sea, Yum Yung no perdería las esperanzas. ¡Se imponía una búsqueda! Yum Yung declaró:

—¿Dónde se ha metido mi *bagel*?

A la mañana siguiente, Yum Yung fue a ver a Ahn el granjero, que se encontraba empujando su arado en un campo de trigo.

—Disculpe, granjero Ahn —dijo Yum Yung—. ¿Ha visto el *bagel* que se me ha perdido?

Ahn el granjero se limpió el sudor de la frente.

—¿Un *bagel*? ¿Qué es un *bagel* en los sembradíos de un labrador?

—Es algo redondo y tiene un agujero en el centro —explicó Yum Yung.

—Hmm —dijo Ahn el granjero, asintiendo con la cabeza, y señaló la rueda de su arado—. ¿Acaso es eso un *bagel*?

Yum Yung frunció el ceño.

—No, ése no es mi *bagel*.

—Lo siento, Yum Yung —dijo Ahn el granjero—. Conozco el trigo que crece de la fértil y oscura tierra, pero de *bagels* no sé nada.

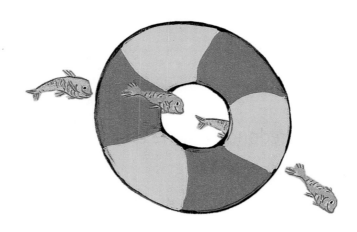

Yum Yung fue a ver a Kee el pescador, que se encontraba en su bote, sacando los escurridizos peces de la red.

—Disculpe, pescador Kee —gritó Yum Yung—. ¿Ha visto el *bagel* que se me ha perdido?

Kee el pescador volvió a lanzar su red, que cayó salpicando al agua.

—¿Un *bagel*? ¿Qué misterio de los mares salados es un *bagel*?

—Es algo redondo y tiene un agujero en el centro —explicó Yum Yung.

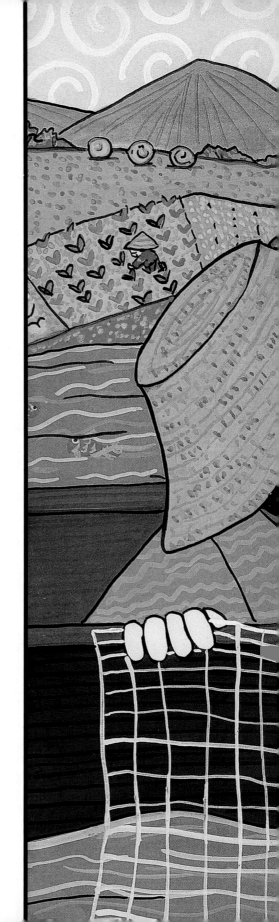

—Oh —dijo Kee el pescador asintiendo con la cabeza, y señaló su salvavidas que flotaba en el agua—. ¿Acaso es eso un *bagel*?

Yum Yung frunció el ceño.

—No, ése no es mi *bagel*.

—Lo siento, Yum Yung —dijo Kee el pescador—. Conozco los peces que nadan en los mares, pero de *bagels* no sé nada.

Yum Yung fue a ver a Lee la apicultora, que se encontraba sacando miel de una colmena.

—Disculpe, apicultora Lee —llamó Yum Yung desde lejos—. ¿Ha visto el *bagel* que se me ha perdido?

Lee la apicultora se levantó el velo que le protegía la cara.

—¿Un *bagel*? ¿Qué es, en el dulce nombre de la miel, un *bagel*?

—Es algo redondo y tiene un agujero en el centro —explicó Yum Yung.

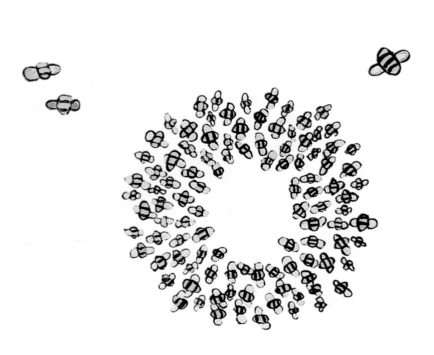

—Ah —dijo Lee la apicultora asintiendo con la cabeza, y señaló el tupido enjambre de abejas que daba vueltas sobre su cabeza—. ¿Acaso es eso un *bagel*?

Yum Yung frunció el ceño.

—No, ése no es mi *bagel*.

—Lo siento, Yum Yung —dijo Lee la apicultora—. Conozco el zumbido de las abejas, pero de *bagels* no sé nada.

Yum Yung se sentó en una tranquila ladera y
se lamentó. ¡Parecía que no había esperanzas de
conseguir un *bagel*!

Entonces, un delicioso aroma le hizo cosquillas en
la nariz. Yum Yung olisqueó el aire con curiosidad. ¿De
dónde venía ese aroma?

Yum Yung miró hacia el valle y parpadeó fascinado.
¡Allí estaba la Panadería Celestial de Oh!

Yum Yung entró a toda prisa en la panadería y encontró a Oh la panadera haciendo una de sus famosas tortitas de arroz.

—¡Panadera Oh —suplicó Yum Yung—, por favor, dígame que ha encontrado el *bagel* que se me ha perdido!

Oh la panadera esparció un puñado de piñones sobre la tortita de arroz.

—¿Un *bagel*? ¿Qué fórmula de los fogones de un panadero es un *bagel*?

—Es algo redondo y tiene un agujero en el centro —explicó Yum Yung.

—Lo siento mucho, Yum Yung —dijo Oh la panadera—. No he visto el *bagel* que se te ha perdido. Pero quizás la paloma que está golpeando la ventana tiene mejores noticias.

Oh la panadera abrió la ventana. La paloma entró y se posó en el hombro de Yum Yung. ¡Traía un mensaje!

Mientras Oh la panadera daba a la paloma trocitos de una tortita de arroz, Yum Yung leyó el mensaje en voz alta.

Estimado Yum Yung:

Un millón de gracias por pedir un *bagel* para llevar. Lamentablemente, hay que comer mis *bagels* el mismo día que se hornean. ¡Así que la mejor solución que se me ha ocurrido es mandarte la receta de mi *bagel* más popular en Nueva York!

¡Buena suerte!

José

De *Los bagels* de José

P. D.
Receta al
dorso.

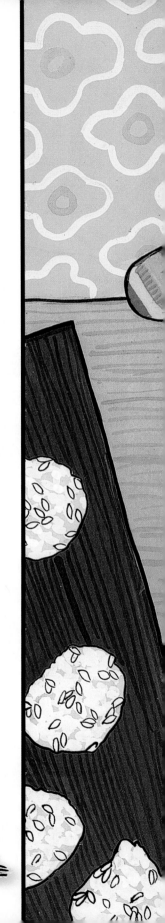

Oh la panadera leyó la receta. Después frunció el ceño.

—Yum Yung, me temo que no tengo todos los ingredientes que se necesitan para hacer un *bagel* de Nueva York. Para mis dulces tortitas de arroz, sólo uso arroz, azúcar y agua. Pero para hacer este *bagel,* hace falta harina, sal de mar y miel.

Yum Yung dio un salto.

—¿Dijo "harina, sal de mar y miel"?

—Sí —contestó Oh la panadera.

—¡Ahora regreso! —prometió Yum Yung.

Y vaya si regresó... con Ahn el granjero, con Kee el pescador y con Lee la apicultora.

—¡Yo tengo la harina! —exclamó Ahn el granjero.

—¡Yo tengo la sal de mar! —exclamó Kee el pescador.

—¡Y yo tengo la miel! —exclamó Lee la apicultora.

¡Había llegado el momento de hacer un *bagel* de Nueva York!

Oh la panadera le puso un delantal en la cintura a Yum Yung. Siguiendo la receta al pie de la letra, Yum Yung le pidió a Ahn el granjero que cerniera harina en un tazón. Le pidió a Kee el pescador que espolvoreara la sal sobre la harina. Le pidió a Lee la apicultora que añadiera la miel dorada con una cuchara. Después, Oh la panadera le agregó agua y una pizca de levadura.

Yum Yung amasó la fragante masa y le dio forma de aro. Perfeccionó los bordes, especialmente los del agujero del centro. Echó la masa en una olla grande de agua hirviente. En unos minutos, la masa flotó en la superficie.

Entonces, Yum Yung roció la masa con semillas de ajonjolí y la metió directo al horno.

Yum Yung observó la masa crecer y crecer, como por arte de magia, hasta que casi ocupó el horno entero, y se convirtió en un *bagel* doradito.

347

El *bagel* era tan grande que Ahn el granjero, Kee el pescador, Lee la apicultora y Oh la panadera tuvieron que ayudar a Yum Yung a sacarlo de la Panadería Celestial de Oh. Entre resuellos colocaron el *bagel* debajo de un árbol de caqui en la tranquila ladera. Yum Yung arrancó un trozo de *bagel* para cada uno de sus amigos.

—¡Hmm! —dijo Ahn el granjero.

—¡Oh! —dijo Kee el pescador.

—¡Ah! —dijo Lee la apicultora.

—¡Mmm! —dijo Oh la panadera.

349

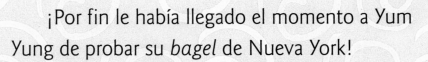

¡Por fin le había llegado el momento a Yum Yung de probar su *bagel* de Nueva York!

Cerró los ojos y dio el primer bocado. Había conseguido un *bagel* perfecto, con un toque de dulcísima miel, que lo hizo suspirar. Yum Yung sintió la textura suave y blanda y sabrosa, todo en un solo bocado. ¡Era algo tan maravilloso que hasta pudo saborear el peculiar agujero del centro!

Yum Yung declaró:

—¡Al fin he conseguido mi *bagel*!

Pensamiento crítico

1 ¿Por qué Yum Yung manda un mensaje a Nueva York? CAUSA Y EFECTO

2 ¿Por qué Yum Yung visita al granjero, al pescador y a la apicultora? DETALLES IMPORTANTES

3 ¿Crees que Yum Yung podría haber hecho el *bagel* solo? ¿Por qué? SACAR CONCLUSIONES

4 ¿Cómo habría sido el final si Yum Yung no hubiera conseguido uno de los ingredientes? INFERIR

5 **ESCRIBE** ¿En qué se parecen los personajes de este cuento y los de "Un sillón para mi madre"? RESPUESTA BREVE

Conoce a las autoras
Frances Park y Ginger Park

Frances y Ginger Park son hermanas. Sus padres nacieron en Corea. Siempre escriben sus cuentos juntas. A Frances le gusta usar su imaginación para escribir sobre lugares inventados, mientras que a Ginger le gusta escribir cuentos sobre la cultura coreana. A las dos les encanta comer chocolate... y, por supuesto, ¡también les gustan los *bagels*!

En Internet www.harcourtschool.com/reading

Conoce a la ilustradora
Grace Lin

Grace Lin tiene dos hermanas. Su sueño era convertirse en patinadora sobre hielo y a veces se dibujaba a sí misma patinando. Pero pronto se dio cuenta de que sus dibujos eran mejores que su técnica de patinaje. Entonces decidió ser artista. Le gusta mucho escribir e ilustrar libros acerca de la cultura asiática.

353

Q & A

Corea del Sur

Por Susan E. Haberle

No ficción

Corea del Sur

En "*¿Dónde se ha metido mi* bagel?", *Yum Yung quiere que le envíen un* bagel *desde Nueva York a Corea del Sur. La ciudad de New York está a 7,000 millas de Corea del Sur. ¡Es una distancia muy larga para que un pájaro viaje cargando un* bagel!

¿Dónde se encuentra Corea del Sur?

Corea del Sur es un país pequeño situado en la Península de Corea. Esta península está ubicada al noreste de China. Es casi del mismo tamaño que el estado de Utah, en Estados Unidos. La península está dividida en dos partes. Corea del Norte ocupa la mitad norte de la península. Corea del Sur ocupa la mitad sur.

Corea del Sur

Las montañas cubren gran parte de Corea del Sur. La cordillera de Taebaek se extiende a lo largo de la costa este. El pico más alto del país es el Monte Halla. Este monte se encuentra en una de las muchas islas de Corea del Sur.

New York

CHINA

COREA DEL NORTE

0   50   100 Millas
0   50   100 Kilómetros

Cordillera de Taebaek

Seúl
Inchon

(Mar del Este)
Mar de Japón

COREA DEL SUR

Mar Amarillo

Taejon

Cordillera de Sobaek

Taegu

Kwangju

Pusan

Norte

Oeste   Este

Sur

Estrecho de Corea

JAPÓN

Monte Halla

355

Comparar textos

1 ¿Cómo puede ayudarte el texto "Corea del Sur" a entender el cuento "¿Dónde se ha metido mi *bagel*?"?

2 ¿Alguna vez has trabajado con otras personas para hacer algo especial? Cuenta tu experiencia.

3 ¿Qué otras comidas podría pedir alguien a Estados Unidos?

Fonética

Hacer una tabla

Escribe las palabras *prever* y *releer* en una tabla. Debajo de cada una escribe dos palabras con el mismo prefijo y subráyalo. Lee tus palabras a un compañero.

prever	releer
prefijar	reconstruir

Práctica de la fluidez

Teatro leído

En un grupo pequeño, representa el cuento "¿Dónde se ha metido mi *bagel*?". Recuerda que debes hacer una pausa breve al llegar a una coma, y una pausa más larga al llegar a un punto.

Escritura

Escribir un párrafo

Escribe un párrafo acerca de algo que te haya ocurrido. Explica por qué ocurrió. Usa una tabla de causa y efecto para planear tu escritura.

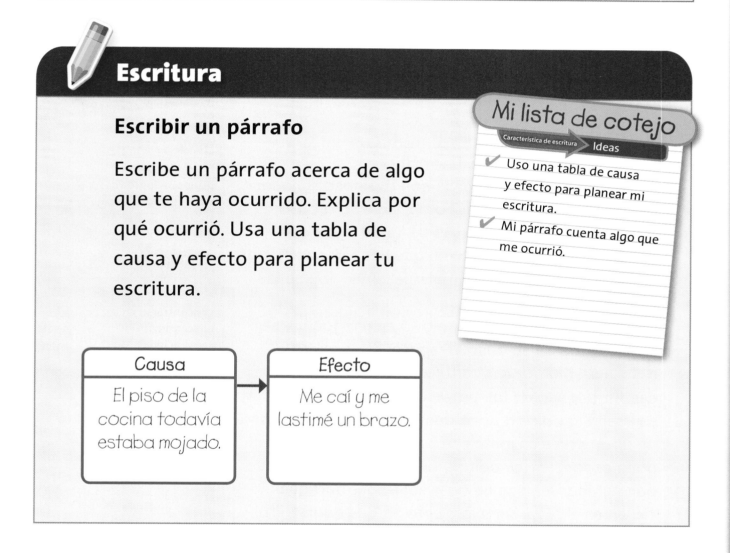

Mi lista de cotejo

Característica de escritura ▶ Ideas

✔ Uso una tabla de causa y efecto para planear mi escritura.

✔ Mi párrafo cuenta algo que me ocurrió.

Causa	Efecto
El piso de la cocina todavía estaba mojado.	Me caí y me lastimé un brazo.

Informe de investigación

Antes de escribir un **informe de investigación**, los escritores buscan información en libros y revistas, y toman notas. Yo escribí este informe después de leer "¿Dónde se ha metido mi *bagel*?"

Ejemplo de escritura

<u>Palomas mensajeras</u>
por Leandro

Las palomas mensajeras son aves asombrosas. Pueden encontrar el camino de regreso a casa incluso cuando están a más de 1,000 millas de distancia. Es por esta razón que hace mucho tiempo se las usaba para llevar mensajes. ¡Aún hoy se las usa con este fin!

Primero, se pone a la paloma en una jaula y se la lleva lejos de su casa. Después, se escribe un mensaje, se lo coloca dentro de un tubo y se ata ese tubo a una de las patas de la paloma. Por último, se libera la paloma para que lleve el mensaje a casa.

Todavía es un misterio cómo hacen las palomas para encontrar su camino de regreso. Se cree que para ubicarse usan un material magnético que tienen en el pico. Pero lo cierto es que nadie está seguro de cómo lo logran.

Característica de escritura

NORMAS Los títulos de los libros y de los informes se subrayan.

Característica de escritura

IDEAS Hay que concentrarse en las ideas principales. Las oraciones con detalles tienen que servir para ampliar la idea principal.

Así escribo informes de investigación.

1. **Pienso en un tema sobre el que quiero aprender más. A veces encuentro el tema cuando estoy leyendo un texto. Puedo hacerme preguntas sobre ese tema.**

¿Cuánto pueden volar las palomas?
¿Cómo hallan el camino de regreso a casa?

2. **Voy a una biblioteca. Busco información sobre mi tema en libros, revistas y páginas web. Tomo notas en tarjetas.**

¿Cuánto pueden volar las palomas?
más de 1,000 millas

3. Ordeno mi información. Uso las tarjetas para escribir un esquema. El esquema muestra el orden de las ideas principales y los detalles.

Esquema

1. Datos sobre las palomas mensajeras:
    a. Encuentran su camino de regreso a casa incluso a más de 1,000 millas de distancia.
    b. Hace mucho tiempo se las usaba para llevar mensajes.
2. ¿Cómo llevan los mensajes?
    a. Las palomas son transportadas lejos de su casa.
    b. Se ata un tubo con un mensaje a una de las patas de la paloma.
    c. Se liberan las palomas.
3. ¿Cómo encuentran su camino de regreso?
    a. Tal vez usen un material magnético que tienen en su pico.
    b. No se sabe realmente cómo lo logran.

4. Escribo un borrador de mi informe. Lo reviso y lo modifico. Escribo el título.

Uso esta lista de cotejo cuando escribo informes de investigación. Tú también puedes usarla cuando escribas informes.

Lista de cotejo para escribir un informe

☐ Mi informe tiene un título subrayado que indica de qué trata.

☐ Los párrafos tienen sangría.

☐ Cada párrafo tiene una idea principal.

☐ Cada párrafo tiene detalles que amplían la idea principal.

☐ Comienzo mi informe de una forma interesante.

☐ En mi informe, los datos están ordenados lógicamente.

Contenido

Lección 27

Biografía

Me llamo
Gabriela

A B C D E

la vida de
Gabriela Mistral

por Monica Brown
ilustrado por John Parra

Gabriela Mistral

por Alma Flor Ada y F. Isabel Campoy

Ensayo fotográfico

Destreza de enfoque

Causa y efecto

El **efecto** es lo que ocurre a partir de otra cosa. La **causa** es el motivo por el que ocurre.

A medida que lees un cuento, piensa en qué sucede y por qué sucede. Busca palabras como *porque*, *por eso* y *como*. Esas palabras pueden ayudarte a encontrar causas y efectos.

Lee esta oración. ¿Cuál es la causa? ¿Cuál es el efecto?

Tomás amaba a su perro Pupi, por eso escribió un poema acerca de Pupi.

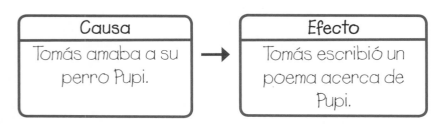

Causa		Efecto
Tomás amaba a su perro Pupi.	→	Tomás escribió un poema acerca de Pupi.

Lee el siguiente párrafo. Explica por qué a Marcos le gustan los poemas de la Srta. Flores.

Poemas en la escuela

La maestra de Marcos, la Srta. Flores, escribe poemas. Todos los viernes escribe un poema acerca de algo que haya ocurrido en la clase esa semana. A Marcos le gustan los poemas de la Srta. Flores porque son divertidos. La Srta. Flores pide a los estudiantes que escriban sus propios poemas. Hace esto porque quiere que aprendan a escribir bien. Como Marcos escribe tan bien, la Srta. Flores le pide que se anote en competencias escolares de poesía.

Causa		Efecto
	→	A Marcos le gustan los poemas de la Srta. Flores.

En Internet www.harcourtschool.com/reading

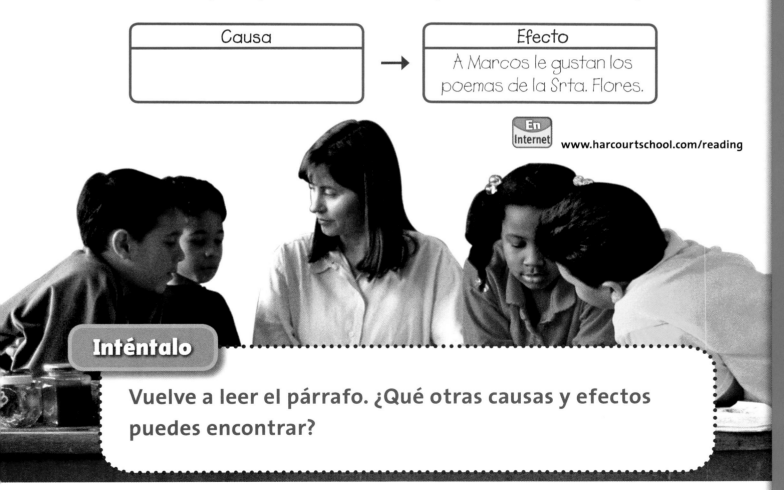

Inténtalo

Vuelve a leer el párrafo. ¿Qué otras causas y efectos puedes encontrar?

Vocabulario

palabras

alfabeto

expresar

momentos

premio

importante

El maravilloso Chile

¿Alguna vez piensas en lugares que se encuentran fuera de tu vecindario? Mi familia participa a menudo en un juego con **palabras** que se llama "Escoge un lugar". Por cada letra del **alfabeto**, hay que nombrar un lugar que nos gustaría visitar y **expresar** con gestos que nos gusta de ese lugar. Mi favorito es Chile.

—He notado que Chile te interesa mucho —me dijo mi mamá un día—. ¿Por qué?

Chile es mi país favorito porque mi maestra nos enseñó mucho sobre él.

A veces, mi maestra nos muestra libros que cuentan viajes por Chile. En otros **momentos**, nos lee literatura de autores chilenos. Ayer nos leyó un cuento chileno que ganó un **premio importante**.

Una vez, mis compañeros y yo jugamos a que íbamos a Chile. ¡Nos encantó escalar los Andes!

Chile

Santiago

América del Sur

 www.harcourtschool.com/reading

Campeones **de las palabras**

Esta semana debes usar las palabras del vocabulario al hablar con tus compañeros y los integrantes de tu familia. Por ejemplo, pregúntale a tu padre si alguna vez ha ganado un **premio**. Cada día, anota en tu diario del vocabulario las oraciones que usaste.

Estudio del género

Una **biografía** es la historia de la vida de una persona. Busca

- el orden en que ocurren los hechos.

- acontecimientos que produzcan cambios en la vida de una persona.

| Causa | → | Efecto |

Estrategia de comprensión

Usa organizadores gráficos como el que está arriba para comprender de qué trata el texto.

368

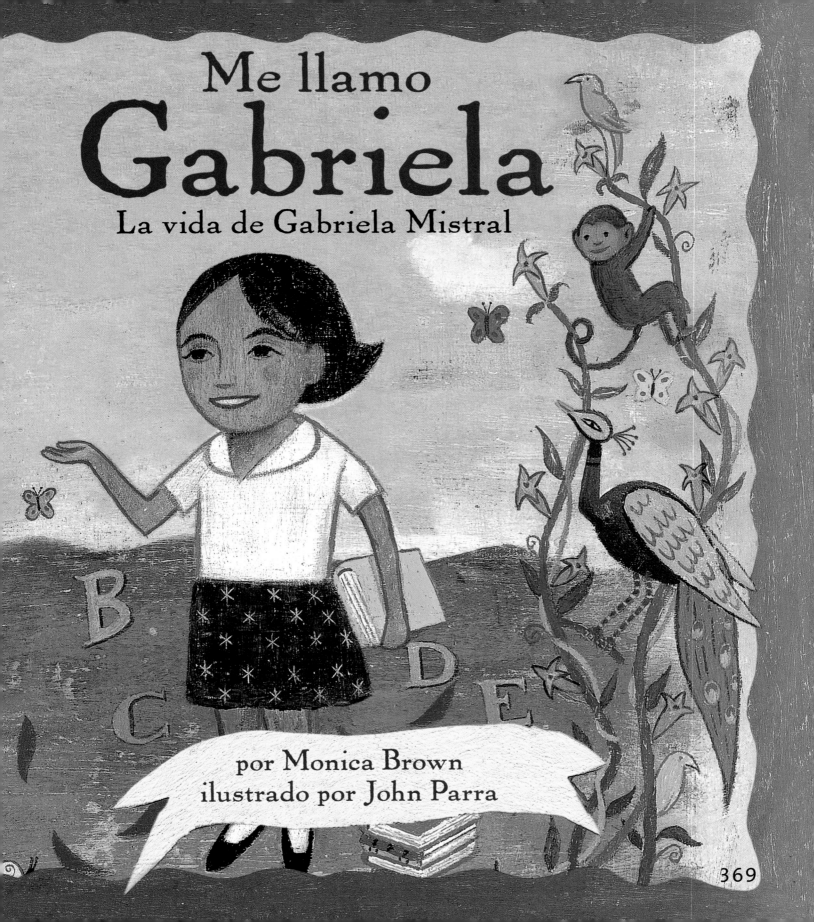

Me llamo
Gabriela
La vida de Gabriela Mistral

por Monica Brown
ilustrado por John Parra

Me llamo Gabriela Mistral.
Yo misma elegí este nombre
porque me gusta cómo suena.

Me encantan las palabras, y
los sonidos, y los cuentos.

Cuando era pequeña, vivía con mi madre y con Emelina, mi hermana, en una casita en el hermoso Valle Elqui, en Chile. Desde la ventana de mi dormitorio, veía las montañas de los Andes.

Cuando no podía dormir, miraba las montañas y me preguntaba qué habría detrás de ellas. ¿Cebras con lunares? ¿Flores con colores como el arco iris? ¿Ángeles leyendo libros?

371

Me encantaban las palabras: me gustaba
el sonido que hacían al salir de mi boca y me
gustaba la manera como podían expresar lo que
yo sentía. Cuando vi una mariposa posada en
una flor, noté que, juntas, las palabras "posa" y
"mariposa" sonaban como un poema.

Aprendí a leer yo sola para poder leer las
palabras y los cuentos de otras personas.
Leí cuentos sobre príncipes y princesas,
sobre brujas y monstruos, y sobre
pájaros y flores.

También me gustaba escribir poemas, cantar canciones y contar cuentos con las palabras que sabía. Conté cuentos sobre momentos felices y momentos tristes, sobre madres y bebés, y sobre niños pequeños.

Me gustaba jugar a la escuela con los niños de mi pueblo. Yo hacía de maestra y mis amigos Sofía, Ana y Pedro eran los alumnos.

Pedro siempre decía que yo era mala porque le hacía escribir el abecedario hasta que supo todas las letras del **alfabeto**. Yo le decía que el alfabeto es **importante**. ¿Cómo formaría palabras y contaría sus cuentos, si no lo sabía?

En nuestra clase imaginaria, cantábamos canciones como :

"Los pollitos dicen

pío, pío, pío,

cuando tienen hambre,

cuando tienen frío".

Ésa era la canción preferida de Sofía. Durante el recreo nos divertíamos corriendo, persiguiéndonos, jugando y riéndonos.

De grande fui maestra y escritora.
Enseñé a los niños de Chile y muchos de
mis estudiantes fueron luego maestros.

Seguí escribiendo poemas: poemas
alegres, poemas tristes, cuentos sobre
madres e hijos. Pero también escribí
poemas sobre animales: sobre loros y
pavos reales e, incluso, ¡sobre ratas!

Viajé a lugares muy lejanos. Nunca vi cebras con lunares ni flores con colores como el arco iris, pero conocí a niños maravillosos y a sus maestros.

Viajé a Europa: a Francia y a Italia.

Viajé a México.

Viajé a Estados Unidos.

En todos los lugares adonde fui, escribí,
enseñé y conocí a maestros. Vi cómo en todo el
mundo la gente quería que sus hijos aprendieran.

Mis cuentos viajaban conmigo por el mundo.
A la gente le gustaba leer mis cuentos alegres,
mis cuentos tristes, mis cuentos sobre mujeres
y niños, mis cuentos sobre loros y pavos reales,
sobre leones viejos y sobre los pescadores que
se dormían en la arena y soñaban con el mar.

Y como a la gente de todo el mundo le
gustaron tanto mis cuentos, me dieron un
premio especial: el Premio Nobel de Literatura.

Cuando recibí ese importante premio,
pensé en las hermosas montañas que veía
desde mi ventana en Chile, en mi madre y en
mi hermana, en los niños de mi pueblo y en
todas las historias que aún hay por contar.

Pensamiento crítico

1 ¿Por qué Gabriela Mistral eligió este nombre?
CAUSA Y EFECTO

2 ¿Por qué razón Gabriela quería que Pedro aprendiera el abecedario? DETALLES IMPORTANTES

3 ¿Por qué crees que se conocieron en todo el mundo los poemas y los cuentos de Gabriela?

SACAR CONCLUSIONES

4 ¿Por qué crees que la autora escribió esta biografía? PROPÓSITO DEL AUTOR

5 **ESCRIBE** ¿Qué hace Gabriela Mistral de niña que anticipa que será maestra? Incluye ejemplos de la biografía en tu respuesta. RESPUESTA BREVE

Conoce a la autora
Monica Brown

La vida de Monica Brown se parece mucho a la de Gabriela Mistral. Parte de su familia vive en América del Sur y ella también es escritora y maestra.

Conoce al ilustrador
John Parra

En la casa de la familia de John Parra había muchos cuadros de arte mexicano. Es por esto que disfruta mucho creando ilustraciones sobre la cultura hispana.

En Internet
www.harcourtschool.com/reading

Gabriela Mistral
Vida de la poeta en fotos

por Alma Flor Ada y F. Isabel Campoy

Desde muy joven, a Gabriela Mistral le gustaba leer. Su hermana le enseñaba canciones y poemas.

Vivían en Chile, en una pequeña casa al pie de las montañas. A Gabriela le gustaba jugar al aire libre. Le gustaban los árboles, los pájaros y las plantas que rodeaban la casa.

Gabriela se hizo maestra. Enseñaba en las escuelas de los pequeños pueblos de las montañas y también en Santiago, la capital de Chile.

A Gabriela la invitaron a ir a México para ayudar a mejorar las escuelas y las bibliotecas. Mientras estaba allí, escribió libros para niños que contaban, con bellas palabras, cuentos y leyendas de todo el mundo.

Gabriela se sentía orgullosa de su herencia. Algunos de sus antepasados eran españoles. Otros eran indígenas que habían vivido en Chile por muchos años. Ella se sentía parte de dos mundos.

Gabriela creía que los países del norte y del sur de América debían respetarse, protegerse y ayudarse mutuamente.

En un discurso que dio a los líderes de muchos países, Gabriela habló de su sueño de que reinase la paz entre las naciones. Su discurso llegó al corazón de mucha gente y les hizo querer trabajar por la paz.

Gabriela fue a Suecia para recibir el Premio Nobel de Literatura. Es la única escritora latinoamericana que ha recibido este premio.

Gabriela amaba a los niños. Les dedicó muchos poemas suyos, como éste.

Los ríos son rondas de niños,
jugando a encontrarse en el mar . . .
Las olas son rondas de niñas,
jugando este mundo a abrazar . . .
a abrazar.

389

Enlaces

Comparar textos

1 ¿En qué se parecen "Me llamo Gabriela" y "Gabriela Mistral. Vida de la poeta en fotos"? ¿En qué se diferencian?

2 Gabriela Mistral jugaba a hacer de maestra. Si jugaras a ser alguien, ¿quién te gustaría ser?

3 ¿Cómo puedes aprender más acerca de Gabriela Mistral?

Fonética

Hacer una tabla

Piensa palabras con los prefijos *in–* (o *im–* o *i–*) y *des–*. Escríbelas en una tabla. Luego, inventa una rima con algunas de ellas.

in–	des–
imposible incorrecto	deshacer desarmar

Práctica de la fluidez

Leer con un compañero

Vuelve a leer el texto con un compañero. Antes de leer cada página, encuentra las oraciones que tienen coma. Practica la lectura de esas oraciones leyendo las palabras anteriores a una coma como un bloque y las palabras posteriores como otro bloque.

Escritura

Escribir un párrafo

Escribe un párrafo acerca de algo que te gusta hacer. Explica por qué te gusta hacerlo. Usa un esquema de causa y efecto para planear tu párrafo.

Mi lista de cotejo

Característica de escritura ▶ Ideas

✔ Uso un esquema de causa y efecto para planear mi escritura.

✔ Uso detalles interesantes.

✔ Dejo sangría al comenzar mi párrafo.

Causa	Efecto
Me gusta el sonido de las palabras que riman.	Me gusta escribir poemas.

391

Contenido

Amatista

No ficción

Vamos a coleccionar rocas

Piedras semipreciosas

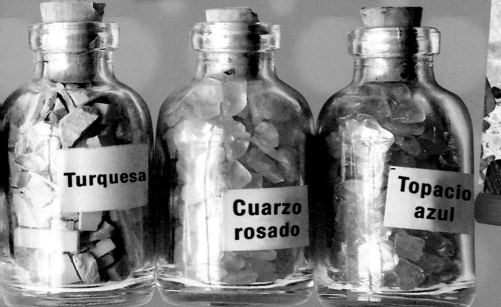

Turquesa

Cuarzo rosado

Topacio azul

Guijarros

por Valerie Worth
Ilustrado por Steve Jenkins

Poesía

Terminación –*mente*

Lee las siguientes palabras. Indica cuáles de ellas indican una manera de hacer algo o de comportarse.

lentamente	**amablemente**	**mente**
ordenadamente	**lamente**	**fácilmente**

Lee las siguientes palabras. Indica a cuáles puedes agregarles la terminación –*mente* para formar otra palabra.

veloz	**camino**	**sigilosa**	**cálida**
colina	**cuidadosa**	**alegría**	

Lee cada palabra de la izquierda. Di qué palabra de la derecha tiene la misma terminación en cada caso.

	**ruidosamente**	elegante ruidosos fríamente
	rápidamente	sinceramente rápidos fuente
	tristemente	trenes obviamente tristeza

www.harcourtschool.com/reading

Inténtalo

Lee la palabra de la izquierda. Di qué palabra de la derecha tiene la misma terminación.

alegremente

alegría
ligeramente
vienen

Vocabulario

coleccionar

dureza

superficie

antiguas

ventajas

valiosas

Coleccionando estampillas

Coleccionar estampillas es entretenido y fácil, además de ser un pasatiempo muy común. Para comenzar tu colección, compra varias estampillas y un álbum de tapas duras. La **dureza** de las tapas permitirá conservar mejor tus estampillas. También puedes recortar estampillas de sobres que haya en tu casa.

Luego, usa tijeras para recortar el papel en el que vienen las estampillas. Nunca despegues las estampillas directamente.

Para separarlas del papel, ponlas en un recipiente con agua a temperatura ambiente. Empújalas hasta el fondo. Luego, sácalas a la **superficie** y déjalas secar por 15 minutos. Después, despega cuidadosamente el papel, que ahora será más fácil de separar de la estampilla. Pon las estampillas en papel absorbente, y aplica presión sobre ellas con otro papel absorbente.

El último paso es ordenar las estampillas en un álbum. Por ejemplo, las estampillas pueden clasificarse en **antiguas** y modernas, o por color o por país. Las **ventajas** de este procedimiento son varias: las estampillas durarán muchos años y las podrás ver cada vez que quieras. Si tienes una colección, ¡cuídala! Es muy **valiosa** ya que tú la has hecho.

En Internet www.harcourtschool.com/reading

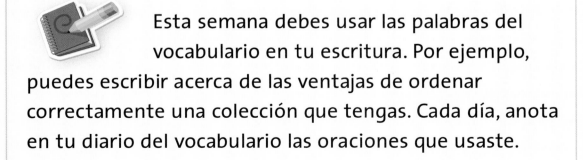

Escribientes

Esta semana debes usar las palabras del vocabulario en tu escritura. Por ejemplo, puedes escribir acerca de las ventajas de ordenar correctamente una colección que tengas. Cada día, anota en tu diario del vocabulario las oraciones que usaste.

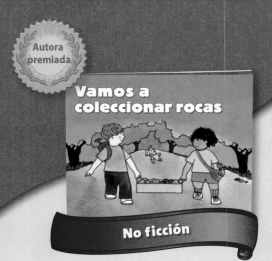

Vamos a coleccionar rocas

No ficción

Vamos rocas

Estudio del género

Un texto de **no ficción** ofrece datos sobre un tema. Busca

- párrafos con ideas principales y detalles.

- diagramas que agreguen información.

S	Q	A
Lo que sé	Lo que quiero saber	Lo que aprendí

Estrategia de comprensión

Verificar la comprensión: Vuelve a leer las partes de la lectura que sean difíciles o que tengan muchos datos.

a coleccionar

por Roma Gans
ilustrado por Holly Keller

A la gente le gusta coleccionar todo tipo de cosas:
monedas, sellos, tarjetas de béisbol, caracoles,
juguetes, botellas, fotografías y gatos. Algunas
personas coleccionan cosas muy antiguas, cuanto
más antiguas, mejor.

Las rocas son las cosas más antiguas que puedes coleccionar. La mayoría de ellas tienen millones y millones de años. Por lo general, es fácil encontrarlas. Pero algunas, como los diamantes y las esmeraldas, son raras, es decir, poco comunes. Por eso son tan valiosas.

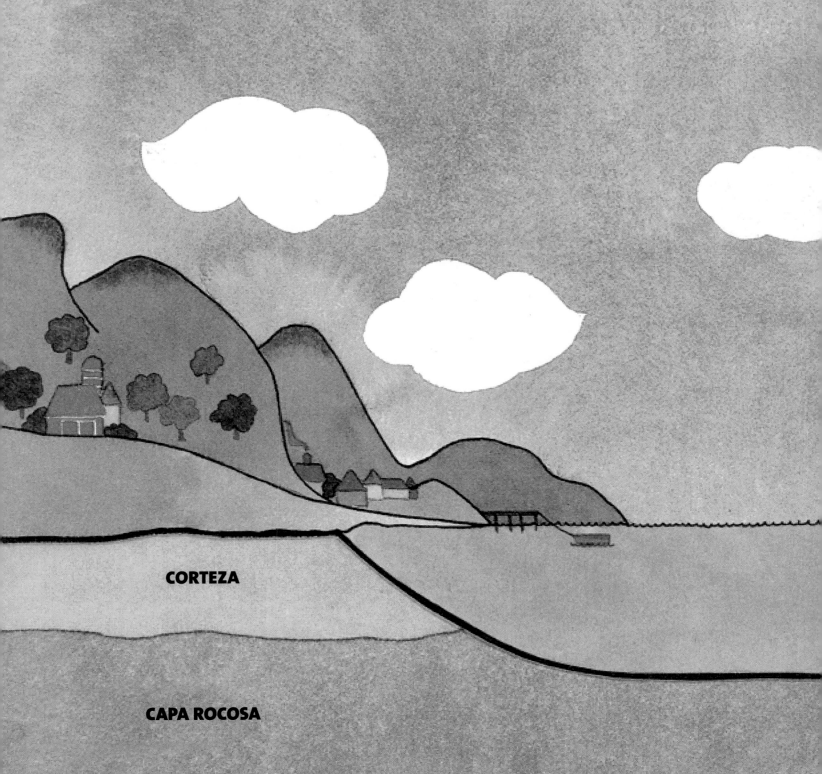

CORTEZA

CAPA ROCOSA

Las rocas cubren toda la Tierra. No importa donde vivas, hay rocas bajo tus pies.

Debajo de las calles de la ciudad y de las granjas del campo hay rocas. Y hay rocas debajo de cada océano, lago y río.

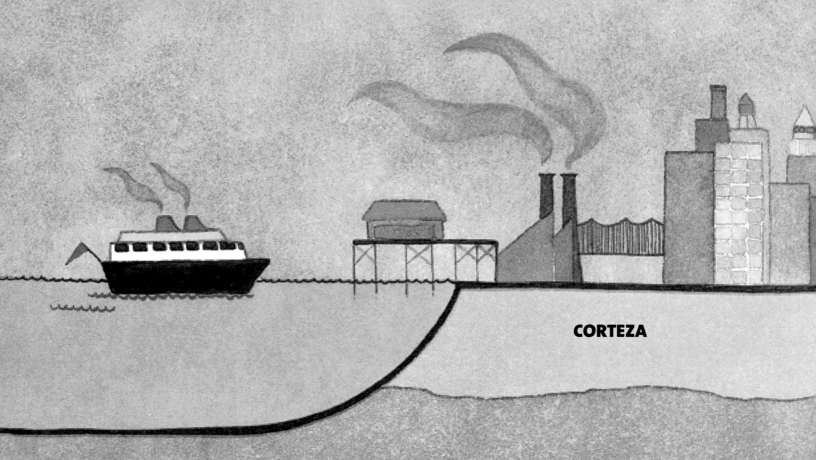

CORTEZA

CAPA ROCOSA

Los romanos construyeron caminos usando rocas. Esos caminos se siguen usando hoy. Lo que se construye con rocas dura mucho.

Llamamos corteza terrestre a las rocas que forman la superficie de la Tierra. La mayor parte de la corteza terrestre está formada por rocas ígneas. Ígneo significa "producido por el calor".

En el interior de la Tierra hace mucho calor, tanto como para fundir rocas. La roca fundida recibe el nombre de magma.

A veces, el magma escapa por grietas de la corteza. Cuando el magma llega a la superficie, recibe el nombre de lava. La lava se enfría y se endurece. Se convierte en roca ígnea. La mayor parte de las rocas ígneas de la Tierra proceden de volcanes del fondo marino.

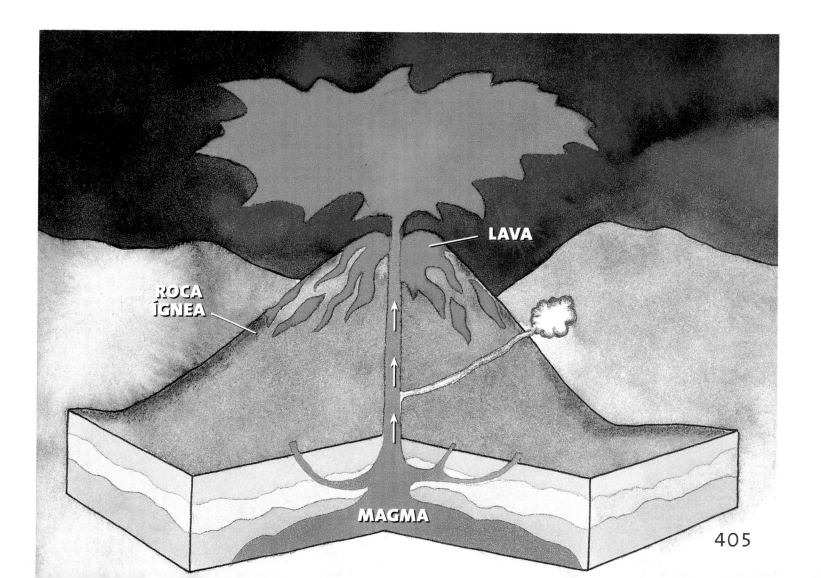

El granito es una roca ígnea.
Antes fue magma. Algunas rocas
de granito son grises con pequeños
cristales brillantes negros y blancos.
Otras tienen cristales grandes
rosados, negros y blancos.

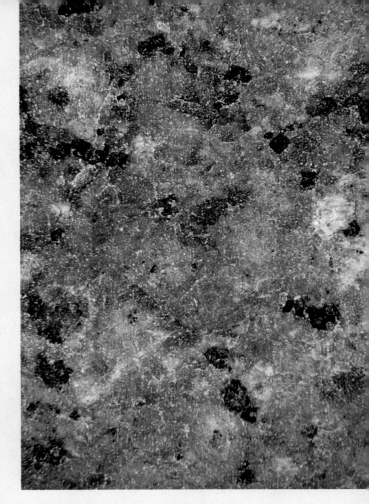

GRANITO

Los cristales del granito
reciben el nombre de cuarzo.
Algunas piezas de cuarzo son
blancas como la leche. Otras
son transparentes como el
cristal.

CUARZO

A veces, el cuarzo tiene bandas de muchos colores. Se usa para hacer joyas. Las canicas con las que juegas pueden estar hechas con cuarzo en bandas.

CUARZO

El basalto es otro tipo de roca ígnea. Suele ser oscuro: gris, verde o negro. Es la roca ígnea más común.

BASALTO

Escala de dureza de Mohs

BLANDO

1. TALCO
2. YESO
3. CALCITA
4. FLUORITA
5. APATITA

No todas las rocas son duras. Algunas son blandas. El talco es tan blando que puedes convertirlo en polvo apretándolo con los dedos.

El talco es el número 1 en la escala de dureza de las rocas. La escala se llama "Escala de dureza de Mohs" y se divide del 1 al 10. El cuarzo es el número 7.

7. CUARZO

9. CORINDÓN

DURO

6. ORTOCLASA

8. TOPACIO

10. DIAMANTE

Los diamantes son el número 10. Son las rocas más duras del planeta. Cada mineral que aparece en la escala puede rayar al mineral anterior. Una uña tiene una dureza aproximada de $2\frac{1}{2}$. Esto significa que tu uña puede rayar el talco, pero no la calcita.

ARENA, BARRO, GUIJARROS

ARENA, BARRO, GUIJARROS

ARENA, BARRO, GUIJARROS

ARENA, BARRO, GUIJARROS

FORMACIÓN DE ROCAS SEDIMENTARIAS

No todas las rocas son ígneas. Algunas están hechas con sedimentos. La arenisca es un tipo de roca sedimentaria. Está formada por granos de arena, barro y guijarros.

Hace millones de años, el viento llevó arena a los ríos. Los ríos arrastraron la arena y la depositaron en lagos y océanos. Una capa tras otra se acumuló en el fondo de lagos y mares. Las capas superiores aplastaron a las inferiores. Lentamente, las capas inferiores de arena se convirtieron en roca.

La arenisca es muy fácil de reconocer. Suele ser blanda y granulosa. Si la frotas con los dedos es posible que se desprendan granos de arena.

Otra roca sedimentaria es la piedra caliza. Está formada por caracolas de animales que vivieron hace millones de años. Por lo general, la caliza es blanca, pero puede ser rosada, café claro o de otros colores. A veces es posible ver el contorno de las caracolas en la piedra caliza.

La piedra caliza se usa para hacer cemento. El cemento se mezcla con arena, grava y agua para obtener el concreto con que se hacen las aceras.

Hace cinco mil años, los egipcios
construyeron las pirámides con roca caliza.
Las pirámides aún se mantienen en pie.
Quizás algún día vayas a Egipto y las veas.

Además de las rocas ígneas y las sedimentarias, hay
un tercer tipo de roca en la corteza terrestre. Son las rocas
metamórficas. Metamórfico significa que ha cambiado.

La pizarra es una roca metamórfica. La pizarra, antes
de ser pizarra, fue esquisto.

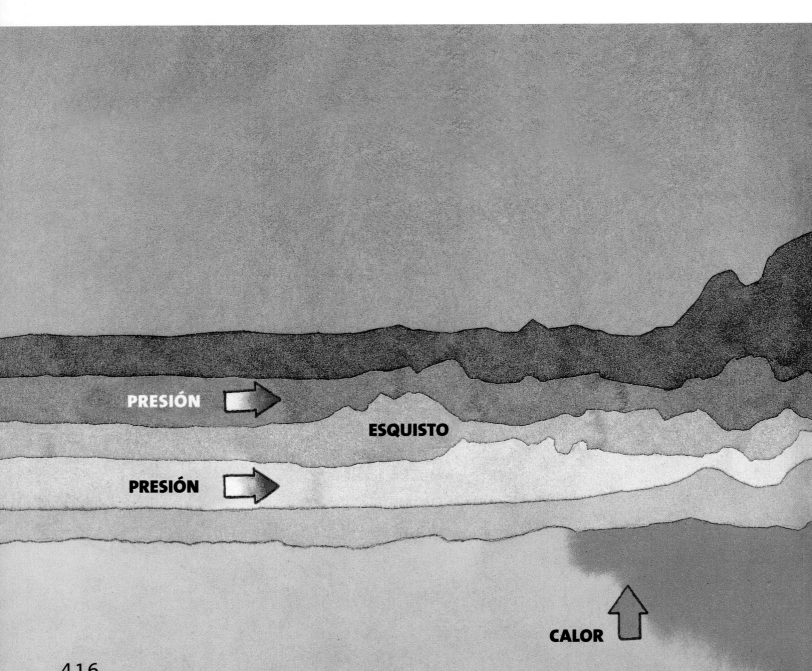

Durante millones de años, muchas toneladas de roca ejercieron presión sobre el esquisto. La presión lo calentó y el calor y la presión lo convirtieron en pizarra. Por lo general, la pizarra es gris, pero también puede ser negra, roja o café.

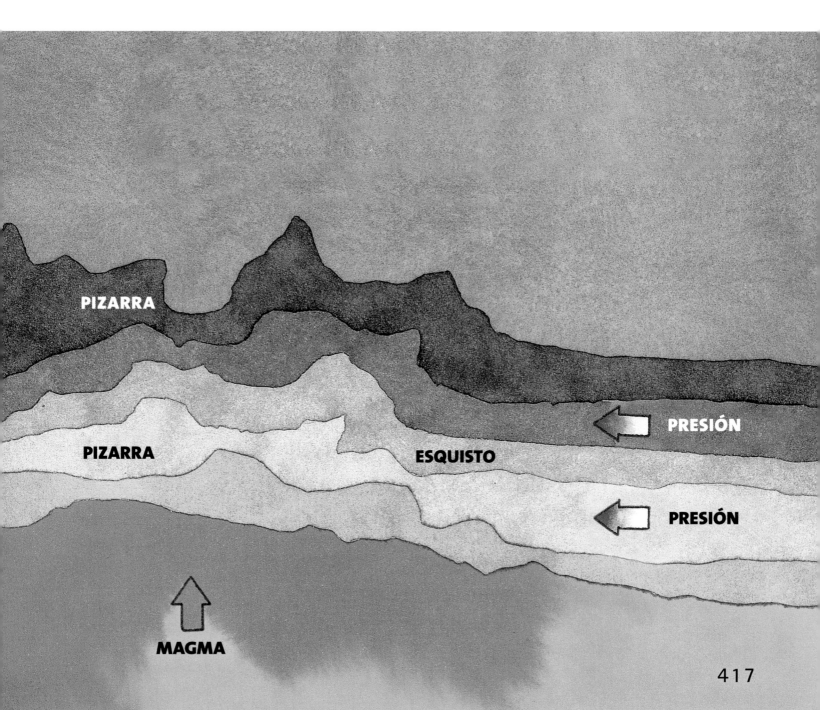

PIZARRA

PIZARRA

ESQUISTO

PRESIÓN

PRESIÓN

MAGMA

Otras rocas metamórficas se forman de
la misma manera que la pizarra, como
consecuencia del calor y la presión. Algunas
rocas metamórficas han cambiado tanto que no
es posible saber qué fueron antes.

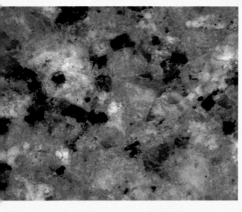

GRANITO

El granito se puede convertir en gneis. Lo que una vez fue un pedazo de granito gris ahora es gris oscuro y sus cristales se han separado en capas.

GNEIS

PIEDRA CALIZA

La piedra caliza se convierte en mármol. Algunos mármoles tienen marcas de colores que parecen nubes.

MÁRMOL

ARENISCA

La arenisca se convierte en cuarcita. Aunque por su aspecto sigue pareciendo arenisca sedimentaria, ahora es mucho más dura.

CUARCITA

419

Cuando empieces a coleccionar rocas, te darás cuenta de cuántas variedades hay. Una manera de iniciar una colección es buscar rocas de diferentes colores. Verás que hay rocas rosadas, negras y de un blanco puro. Hay rocas grises, de color café y amarillas. Prueba a determinar qué tipo de rocas son.

Puedes guardar las rocas pequeñas en cartones de huevos.

Puedes guardar las rocas grandes en cajas de cartón con separadores.

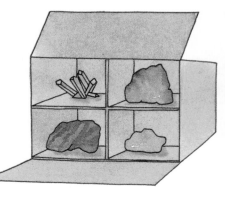

Coleccionar rocas es divertido. Y una de las ventajas es que puedes hacerlo en cualquier parte. Allá donde vayas, trata de encontrar nuevas rocas para añadirlas a tu colección.

Pensamiento crítico

1 ¿Qué significa la oración: "No importa donde vivas, hay rocas bajo tus pies."? INFERIR

2 ¿En qué se diferencian las rocas ígneas de las rocas sedimentarias? COMPARAR Y CONTRASTAR

3 ¿Qué rocas de la escala de dureza de Mohs puedes rayar con la uña? USAR ELEMENTOS GRÁFICOS

4 ¿Para qué se usaba la piedra caliza en el pasado? ¿Para qué se usa ahora? DETALLES IMPORTANTES

5 **ESCRIBE** ¿Cómo se forman las rocas ígneas? Usa el diagrama de la página 405 y la información del texto para explicarlo. RESPUESTA DESARROLLADA

Conoce a la autora y a la ilustradora

Roma Gans

Roma Gans tenía nueve hermanos. En su familia la lectura era muy importante. Le enseñaron que leer es una forma de aprender cómo es el mundo. Ésta es la razón por la cual comenzó a escribir libros de no ficción.

Holly Keller

Antes de dibujar las ilustraciones de un libro de no ficción, Holly Keller investiga mucho sobre el tema. Luego les pide a expertos en ese tema que controlen sus ilustraciones para asegurarse de que son correctas.

 www.harcourtschool.com/reading

423

Guijarros

por Valerie Worth
Ilustraciones de Steve Jenkins

Poesía

Guijarros

Los guijarros no son de nadie,
hasta que los recoges.
Entonces son tuyos.

Pero, ¿cuál de todas las montañas
del mundo
hechas de piedrecitas rotas
elegirás guardar?

¿La suave y negra, la blanca,
la áspera y gris con brillantitos
que brillan a todo brillar?

En algún lugar se esconde
un guijarro que es tuyo,
si lo puedes encontrar.

por Valerie Worth
traducción de F. Isabel Campoy
ilustraciones de Steve Jenkins

Enlaces

Comparar textos

1 ¿En qué se parecen "Vamos a coleccionar rocas" y "Guijarros"? ¿En qué se diferencian?

2 ¿Qué te gusta coleccionar? ¿Por qué?

3 ¿De qué maneras se pueden usar las rocas?

Fonética

Hacer oraciones

Junto a un compañero, haz una lista de palabras que tengan la terminación –*mente*. Túrnense para elegir dos palabras de la lista y usarlas en una misma oración.

> Todos miraban cuidadosamente al hombre que caminaba muy lentamente.

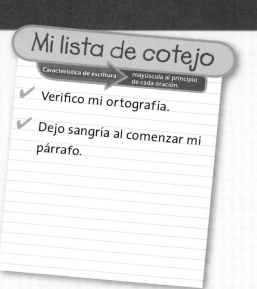

Práctica de la fluidez

Leer con un compañero

Junto a un compañero, lee en voz alta "Vamos a coleccionar rocas". Intenta leer en bloque los grupos de palabras que comunican una idea. Ayúdense uno al otro a leer cada oración de manera correcta.

Escritura

Escribir un párrafo

Escribe un párrafo acerca de una colección tuya, de tu familia o de un amigo. Incluye detalles interesantes sobre la colección.

Cada vez que vamos a la playa, mi mamá recoge caracolas.

Mi lista de cotejo

Característica de escritura → mayúscula al principio de cada oración.

✔ Verifico mi ortografía.

✔ Dejo sangría al comenzar mi párrafo.

Contenido

Lección 29

A FOLKTALE IN ENGLISH AND SPANISH
CUENTO TRADICIONAL EN INGLÉS Y ESPAÑOL

THE LIZARD and the SUN
LA LAGARTIJA y el SOL

~~~ POR ~~~
Alma Flor Ada

Illustrated by / Ilustrado por
FELIPE DÁVALOS

PROTÉGETE DEL SOL

CÓMO PROTEGERSE DEL SOL

Destreza de enfoque

 **Inferir**

Generalmente los autores no cuentan todo acerca de los personajes y los eventos de un cuento. A menudo debes **inferir** algunas cosas para comprender ciertas partes del cuento.

Para hacer buenas inferencias, usa detalles del cuento.

- Piensa en lo que ha ocurrido hasta ese momento.

- Piensa en lo que los personajes han dicho y hecho.

Luego, usa lo que sabes de la vida real. Piensa en eventos que te hayan ocurrido que sean similares a los eventos del cuento.

| Detalles del cuento | + | Lo que sé de la vida real | = | Inferencias |

Lee este párrafo. Menciona los detalles del cuento y lo que sabes de la vida real.

Clima seco

Las plantas se estaban secando. También los arroyos, que generalmente tenían una corriente constante de agua para los animales de la selva. El castor olió el aire. ¿Qué era ese aroma? Parecía humedad. Luego, observó el cielo. ¿Qué era eso que se veía en la cima de la colina? Parecía una nube de bordes oscuros. El castor observó la nube. Se estaba moviendo hacia él.

Detalles del cuento	+	Lo que sé de la vida real	=	Inferencias
• El aire tiene humedad. •		• El aire húmedo y una nube oscura generalmente indican tormenta.		

En Internet www.harcourtschool.com/reading

Inténtalo

Vuelve a leer el párrafo. ¿Qué inferencias puedes hacer?

Vocabulario

regresar

escondido

majestuosa

oscuro

resplandecer

descubrimiento

Leo, la lagartija

Mi mamá y yo habíamos recorrido casi toda la tienda de mascotas y estábamos por **regresar** a casa cuando, finalmente, vi a la mascota que quería. **Escondido** en un tanque de vidrio, había un animal azul y verde, con una cola larga y **majestuosa**. ¡Era una lagartija! Un cartel en el tanque decía: "¡Hola! Soy Leo". En esta tienda también había hermosos pájaros y peces muy interesantes, pero yo quería a Leo. ¡Era fabuloso!

Le señalé a mi mamá el tanque de Leo. El dueño de la tienda estaba alimentándolo con espinaca, y Leo se movía inquieto dentro del tanque.

Observé a Leo durante varios minutos. Era una lagartija muy divertida. El tanque no estaba **oscuro**, así que se podían ver todos sus movimientos.

Mi mamá siguió observando a los otros animales, pero cuando vio **resplandecer** mis ojos junto al tanque, supo que yo no me iría de allí sin Leo. Era mi **descubrimiento** del día, mi nueva mascota. Ahora Leo tiene un hogar.

En Internet www.harcourtschool.com/reading

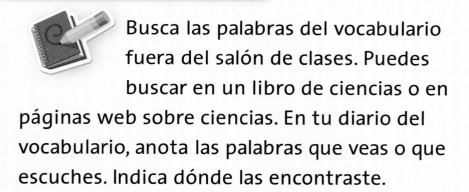

Detectives de las palabras

Busca las palabras del vocabulario fuera del salón de clases. Puedes buscar en un libro de ciencias o en páginas web sobre ciencias. En tu diario del vocabulario, anota las palabras que veas o que escuches. Indica dónde las encontraste.

Premiado

THE LIZARD
and the SUN
LA LAGARTIJA
y el SOL
BY
Alma Flor Ada
Illustrated / Ilustrado por
FELIPE DÁVALOS

Cuento popular

Estudio del género

Un **cuento popular** es una historia que ha sido contada durante mucho tiempo por un grupo de personas. Busca

- un escenario y personajes de hace mucho tiempo.

- una enseñanza para los lectores.

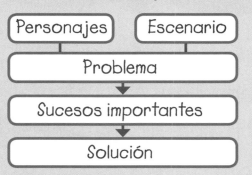

Personajes	Escenario
Problema	
Sucesos importantes	
Solución	

Estrategia de comprensión

Verificar la comprensión: Vuelve a leer una página si no comprendes alguna parte de lo que está escrito.

434

La lagartija y el Sol

por **Alma Flor Ada**

ilustrado por **Felipe Dávalos**

Todo el mundo sabe que el Sol sale cada día. Algunos días brilla con fuerza en el cielo azul y sin nubes. Otros, las nubes lo cubren y su luz es mucho más débil. Cuando las nubes sueltan su carga de lluvia, el Sol desaparece detrás de una cortina de agua.

Hay lugares donde nieva. Durante las nevadas, el Sol también permanece oculto. Pero aun cuando las nubes, la lluvia o la nieve pueden ocultar el Sol, sabemos que todavía está allí. El cuento que voy a contarte ocurrió hace mucho, mucho tiempo, cuando el Sol desapareció de verdad.

Hacía muchos días que el Sol no había salido. Todo estaba oscuro. Todas las plantas, los animales y las personas esperaban ansiosos que el Sol apareciera. Pero el Sol no salía y todo estaba en tinieblas.

La gente tenía frío. Los pájaros habían dejado de cantar y los niños habían dejado de jugar. Todos estaban asustados y temerosos porque jamás había ocurrido algo así.

Los animales decidieron salir en busca del Sol. Los peces y las tortugas buscaron en los ríos y los lagos. Pero el Sol no estaba allí.

Las verdes ranas y los sapos de grandes bocazas
miraron en los charcos. Pero el Sol no estaba allí.

Los venados y las ardillas buscaron en los bosques.
Pero el Sol no estaba allí.

Los conejos y las liebres buscaron en las praderas.
El jaguar buscó en la espesura de la selva verde, donde
habita. Pero el Sol no aparecía por ninguna parte.

Los pájaros buscaron en las ramas donde habían hecho
sus nidos. Y el águila majestuosa voló sobre las cimas
de las montañas y las cúspides de los volcanes. Pero
nadie podía encontrar al Sol. Y poquito a poco, todos
los animales abandonaron la búsqueda. Todos, excepto
la lagartija.

La lagartija siguió buscando al Sol. Se trepó a las rocas,
se escurrió por los troncos de los árboles y escudriñó
debajo de las hojas, buscando, siempre buscando.

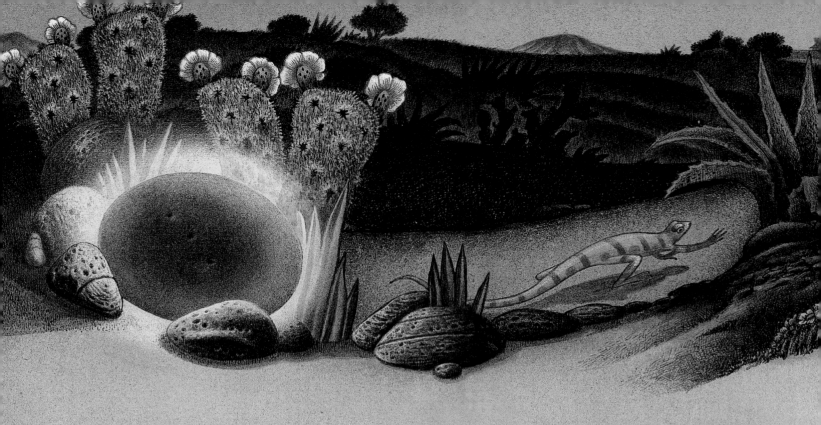

Y por fin, un día, vio algo muy extraño. Andaba sobre unas rocas cuando vio que una de ellas brillaba como si tuviera una luz adentro.

La lagartija había visto muchas rocas en su vida. Había visto rocas lisas y pulidas, y rocas ásperas y agudas. Había visto brillantes rocas grises y rocas oscuras y opacas. Pero nunca había visto una roca que brillara tanto como ésta. Brillaba con tanta fuerza que parecía resplandecer. Y con gran entusiasmo, la lagartija corrió a la ciudad a compartir su descubrimiento.

Por fin, la lagartija llegó a la ciudad. Aunque no había habido luz del Sol por muchos días, las gentes habían seguido trabajando. Las balsas flotaban suavemente sobre las aguas de la laguna, cargadas con frutas y flores.

En la enorme plaza del mercado, los vendedores habían colocado sus mercancías sobre hermosos sarapes tejidos. Las pirámides de frutas y de vegetales lucían como réplicas de las grandes pirámides de piedra que se erguían sobre la ciudad.

Pero sin la luz del Sol, nadie podía ver los brillantes colores de los pimientos y tomates, los hermosos colores profundos de las frazadas y sarapes. En cambio, las antorchas parpadeantes que alumbraban el mercado creaban sombras profundas.

Y, en lugar del bullicio alegre de compradores y vendedores pasándolo bien, se oía el murmullo de voces preocupadas preguntándose cuánto duraría esta noche interminable.

La lagartija no se detuvo a mirar las barcas ni las mercancías en el mercado. No se detuvo a mirar la callada muchedumbre que caminaba por la plaza. En cambio, se dirigió directamente al palacio mayor y no se detuvo hasta que estuvo frente al trono.

Aquí, bajo la luz tenue de las antorchas, la lagartija vio al gran emperador. Llevaba sandalias de oro y una alta corona de bellas plumas.

—Señor, he visto una roca que brillaba con una luz extraña —dijo la lagartija.

—Mueve la roca para ver por qué brilla —ordenó el emperador.

446

La lagartija hizo lo que el emperador le había ordenado. Regresó a donde se encontraba la roca y trató de moverla. Trató de empujarla con sus dos patas delanteras y luego con sus dos patas traseras. Pero la roca no se movió. Por último, la lagartija empujó la roca con todo su cuerpo. Pero la roca no se movió.

A la lagartija no le quedó otro
remedio que regresar a la ciudad. Cruzó
uno de los amplios puentes, pasó el
mercado, llegó al palacio mayor y se fue
directamente a ver al emperador.

Lo encontró sentado en el mismo
trono, rodeado por el humo de las
antorchas.

—Lo siento, Señor —le dijo—. Hice todo lo que pude, pero no logré mover la roca.

El emperador quería ver la roca resplandeciente, así que decidió regresar con la lagartija. Pero primero llamó al pájaro carpintero.

—Quiero que nos acompañes —le dijo el emperador al pájaro carpintero.

Y así los tres, el emperador, la lagartija y el pájaro carpintero, se fueron a ver la roca resplandeciente.

Cuando llegaron a la roca, el emperador le dijo al pájaro carpintero:

—Quiero que golpees esta roca fuertemente con el pico.

El carpintero obedeció al emperador. Le dio un gran picotazo a la roca con su fuerte pico y la roca se rajó. Y dentro de la roca estaba el Sol, todo acurrucado y dormido.

El emperador se alegró mucho de ver de nuevo al Sol. El mundo había estado muy frío y oscuro sin él.

—Despiértalo, carpintero —ordenó el emperador.

Y el pájaro carpintero golpeó la roca varias veces.

Toc, toc, toc, sonó el pico del pájaro carpintero al golpear la dura roca. El Sol abrió un ojo, pero inmediatamente lo volvió a cerrar y siguió durmiendo.

—Despiértate, Sol —dijo la lagartija—. Todos los
animales te han estado buscando.

Pero el Sol no respondió. Sólo se estiró un poco y
siguió durmiendo.

—Despiértate, Sol —dijo el pájaro carpintero—.
Todos los pájaros te están esperando.

Pero el Sol lanzó un enorme bostezo y siguió durmiendo.

—Levántate, Sol —dijo el emperador—. Toda la ciudad te necesita.

Pero el Sol sólo respondió:

—Déjenme en paz. Quiero dormir.

El emperador comprendió que necesitaba actuar. Sin el Sol, las plantas no crecerían y su pueblo no tendría alimento. Sin el Sol, los niños no podrían salir a jugar, los pájaros no podrían salir a cantar y las flores no florecerían.

Así que el emperador le dijo al Sol:

—¿No te gustaría ver hermosos bailes? Les pediré a los mejores músicos y bailarines que toquen y bailen para ti. Eso te ayudará a despertar.

—Bueno, si quieren que me despierte, que empiecen a tocar la música más alegre y que no paren de tocar y de bailar —respondió el Sol.

455

Así que el emperador llamó a los mejores
bailarines y músicos. Los bailarines, adornados
con hermosas plumas de muchos colores, bailaron
en la playa frente a la pirámide más alta.

La alegre música sonó y sonó con fuerza y el Sol
se despertó; subió al punto más alto en el cielo y
alumbró sobre todos, iluminando toda la Tierra.

El emperador hizo llamar a la lagartija color esmeralda. La puso en la palma de su mano y le agradeció haberlo ayudado a encontrar al Sol. Luego llamó al carpintero de pecho rojo. Le pidió que se posara en su hombro y le agradeció el haber ayudado a despertar al Sol.

Desde entonces, cada año, el emperador organizó una gran fiesta, con alegre música y hermosos bailes, para que el Sol nunca más se quedara dormido, escondido dentro de una roca.

Y desde ese día, a todas las lagartijas les encanta dormir al sol. Les gusta recordar el día en que una de ellas encontró el escondite del Sol y ayudó a que regresara a darles luz y calor a todos.

Pensamiento crítico

1 ¿Por qué crees que el Sol se quedó dormido dentro de una roca? INFERIR

2 ¿Por qué es la lagartija la que encuentra al Sol? SACAR CONCLUSIONES

3 ¿Por qué crees que el emperador le pidió al pájaro carpintero que rompiera la roca en lugar de hacerlo él mismo? SACAR CONCLUSIONES

4 ¿De qué manera este cuento popular explica por qué hoy en día las lagartijas duermen al sol? DETALLES IMPORTANTES

5 **ESCRIBE** ¿Por qué era importante para las personas y para los animales encontrar al Sol? Incluye en tu respuesta detalles de la historia. RESPUESTA BREVE

461

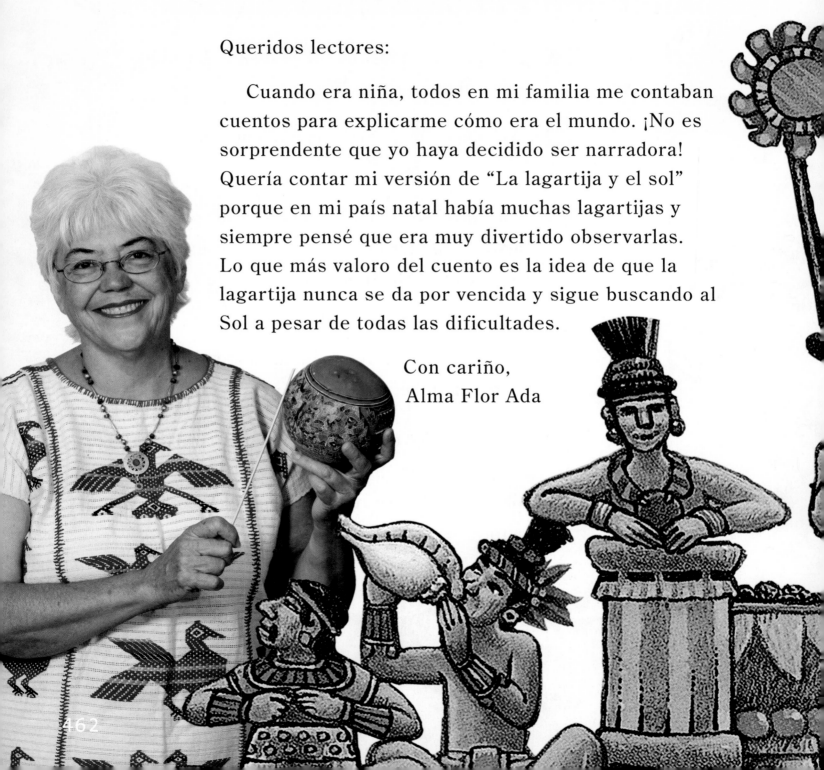

CONOCE A LA AUTORA
Alma Flor Ada

Queridos lectores:

Cuando era niña, todos en mi familia me contaban cuentos para explicarme cómo era el mundo. ¡No es sorprendente que yo haya decidido ser narradora! Quería contar mi versión de "La lagartija y el sol" porque en mi país natal había muchas lagartijas y siempre pensé que era muy divertido observarlas. Lo que más valoro del cuento es la idea de que la lagartija nunca se da por vencida y sigue buscando al Sol a pesar de todas las dificultades.

Con cariño,
Alma Flor Ada

462

CONOCE AL ILUSTRADOR

Felipe Dávalos

Querido lector:

Siempre me gustó mucho dibujar y pintar. Disfruto mucho haciendo pinturas que están basadas en el arte de mis antepasados, los antiguos mexicanos. Además de ser ilustrador, soy arqueólogo. Intento incluir en mis ilustraciones todo lo que he aprendido acerca de las culturas antiguas.

Saludos cordiales,
Felipe Dávalos

En Internet www.harcourtschool.com/reading

PROTÉGETE DEL SOL

Ha llegado de nuevo esa época del año. Cuando juegues al aire libre, protégete del sol.

Las especialistas en protección solar María y Morgan, en la fotografía de abajo, demostraron cómo protegerse del sol en un experimento que realizaron en una feria de ciencias.

Pusieron dos perros calientes bajo una lámpara de calor: una cubierta de protector solar y la otra no. El perro caliente sin crema protectora no la pasó nada bien.

—Se requemó —dijo María.

CÓMO PROTEGERTE DEL SOL

días nublados	parcialmente días nublados	días soleados

CONSEJO

Quédate en casa

Permanece poco tiempo afuera

Quédate a la sombra

Usa crema protectora

Usa un sombrero

Usa lentes oscuros

—Pero al perro caliente con crema protectora no le pasó nada —dijo Morgan.

¿Cuál es la moraleja de este cuento? Usa siempre protector solar para estar al aire libre. ¡A menos que quieras terminar como un auténtico perro caliente quemado!

465

Enlaces

Comparar textos

1 Compara "La lagartija y el sol" y "Protégete del sol". ¿En qué se parecen y en qué se diferencian?

2 ¿Cómo te proteges cuando estás al sol?

3 ¿Cómo puedes aprender más acerca de las lagartijas?

Fonética

Escribir oraciones

Junto a un compañero, haz una lista de palabras que tengan la terminación –*ción* y otra de palabras que tengan la terminación –*miento*. Anota las palabras en una tabla. Luego, escribe una oración en la que uses una palabra de cada columna.

–ción	–miento
cocción promoción	regimiento estacionamiento

Cerca del estacionamiento vimos una promoción de un nuevo producto de limpieza.

Práctica de la fluidez

Leer con un compañero

Túrnate con un compañero para leer en voz alta "La lagartija y el sol". Intenta leer en bloque los grupos de palabras que expresan una idea. Ayúdense uno al otro a leer cada oración de manera correcta.

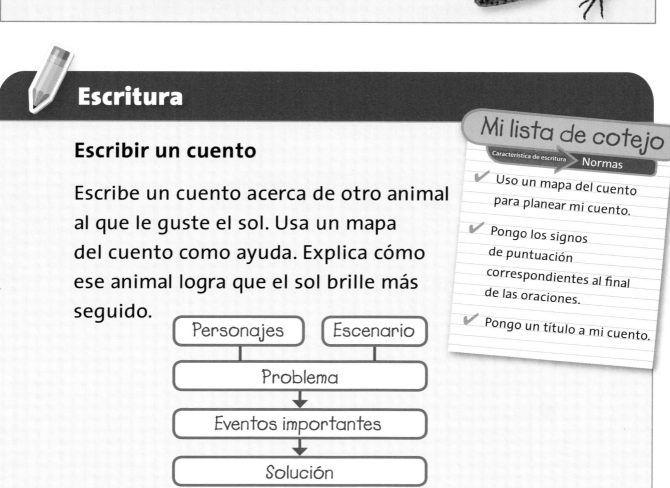

Escritura

Escribir un cuento

Escribe un cuento acerca de otro animal al que le guste el sol. Usa un mapa del cuento como ayuda. Explica cómo ese animal logra que el sol brille más seguido.

Mi lista de cotejo

Característica de escritura	Normas
✔	Uso un mapa del cuento para planear mi cuento.
✔	Pongo los signos de puntuación correspondientes al final de las oraciones.
✔	Pongo un título a mi cuento.

Personajes — Escenario

Problema

Eventos importantes

Solución

Contenido

De vacaciones a través del país

LA SEGURIDAD

retraso

visitar

fantásticos

histórico

auténtica

impresionante

Leer para adquirir fluidez

Cuando leas un diálogo en voz alta,

- lee de forma continua las palabras que forman una misma idea.

- usa los signos de puntuación para leer correctamente.

De vacaciones a través del país

PERSONAJES

Papá	Tomás	Mamá
Camila	Nicolás	Julia

Primera escena

LUGAR
La casa de la familia en Columbus, Ohio

- - - - - - - - - - - - - -

Papá: Bueno, escuchen todos, antes de subir al auto, ¡miren a la cámara y digan adiós!

Tomás: ¡Adiós, Ohio!

Mamá: ¡Allá vamos, California! Vamos a partir sin ningún retraso.

Camila: Iremos en auto a visitar a la tía Francisca. Estaremos dos semanas en la carretera. Éste es el comienzo del vídeo de nuestro viaje. ¡Vengan con nosotros!

471

Nicolás: Tendremos unas vacaciones fabulosas. Conoceremos lugares fantásticos.

Mamá: ¡Y filmaremos todos los lugares que visitemos!

Papá: Y al final del viaje tendremos un vídeo buenísimo.

Camila: ¡Y a ustedes les parecerá que se han ido de viaje con nosotros!

Julia: Así que abróchense los cinturones.

Nicolás: Y suban las ventanillas que no hay tiempo que perder.

Todos: ¡Vamos a conocer algunos lugares de Estados Unidos!

472

Segunda escena

LUGAR

El Museo Presidencial Abraham Lincoln en Springfield, Illinois

----

Camila: Hacemos nuestra primera parada en un importante lugar histórico.

Tomás: Éste es un lugar muy especial.

Julia: Estamos en la ciudad natal de Abraham Lincoln, nuestro decimosexto presidente.

Camila: Vamos a recorrer el Museo Presidencial Abraham Lincoln. Aquí hay una colección de objetos de la época y de la vida del presidente.

Clave para leer con fluidez

Agrupa las palabras en frases para comprender lo que lees.

Museo Presidencial Abraham Lincoln

473

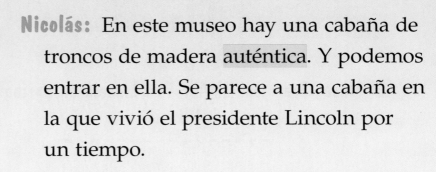

Nicolás: En este museo hay una cabaña de troncos de madera auténtica. Y podemos entrar en ella. Se parece a una cabaña en la que vivió el presidente Lincoln por un tiempo.

Mamá: Después iremos a la casa natal de Abraham Lincoln. Allí vivió Abe Lincoln antes de ser presidente.

Papá: Vamos a tratar de filmar el recorrido entero.

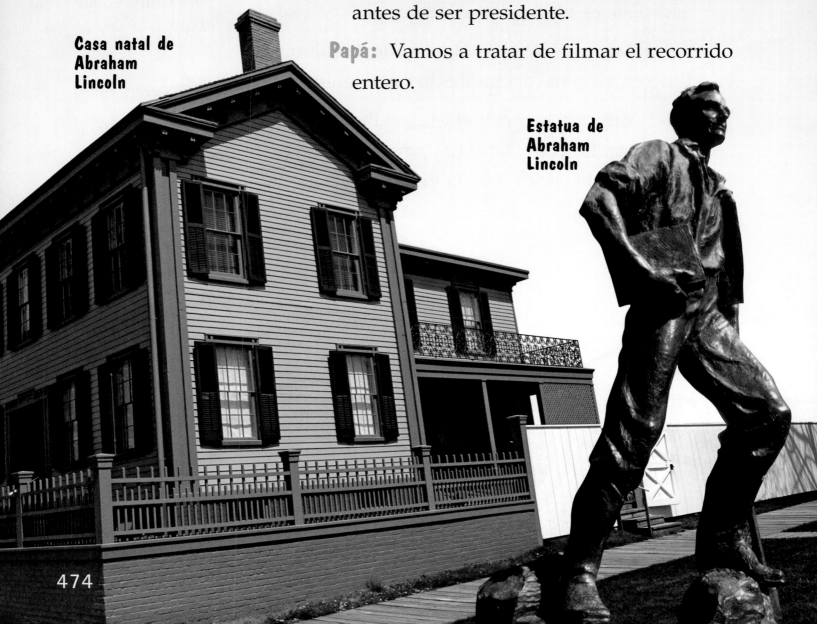

Casa natal de Abraham Lincoln

Estatua de Abraham Lincoln

Tercera escena

LUGAR
Lago del Parque Estatal Ozarks en Missouri

- - - - - - - - - - - - - - - -

Julia: Hoy estamos de visita en un campo de flores silvestres. Nos dirigimos a un lago para darnos un chapuzón y dar un paseo en barco. ¡Yo voy a hacer esquí acuático!

Tomás: ¡Las flores son de tantos colores diferentes!

Camila: ¡Y huelen tan bien! Tienen un aroma muy dulce, casi como el de la miel.

Clave para leer con fluidez

Presta atención a las comas. Puedes hacer una pausa corta después de cada coma.

475

Tomás: ¡Miren, una mariposa! ¿Creen que la podré atrapar?

Mamá: Las mariposas son muy delicadas. No las toquen, por favor. Aunque lo hagan suavemente, pueden lastimarlas.

Todos los niños: ¡No te preocupes, Mami, no tocaremos a las mariposas!

Papá: Acampamos cerca del lago de Ozarks, en un parque estatal de Missouri. ¡Qué bien se siente estar en contacto con la naturaleza!

Nicolás: Los animales dependen de la naturaleza para vivir. Por eso es tan importante protegerla.

476

Cuarta escena

LUGAR
Las ruinas de un pueblo en New Mexico

- - - - - - - - - - - - - - - - -

Nicolás: Esta mañana llegamos a una antigua aldea de amerindios.

Tomás: Está en lo alto de una colina.

Camila: Hemos pasado toda la mañana ascendiendo la montaña.

Tomás: Ha sido difícil subir hasta aquí.

Julia: ¡Yo fui la primera en llegar a la cima! A esta clase de aldea la llaman pueblo. Hace mucho tiempo aquí hubo un asentamiento indígena.

Camila: Vivían en casas hechas con ladrillos de arcilla.

Pueblo Atsinna

477

Clave para leer con fluidez

Lee las palabras que forman grupos, como *Después del descubrimiento*, sin hacer pausas.

Mamá: Luego se marcharon. Durante muchos años, este lugar permaneció vacío. Hasta que unos científicos encontraron las ruinas de esta aldea.

Papá: Después del descubrimiento, muchos empezaron a estudiar las ruinas. Encontraron vasijas rotas y piedras gastadas. Esto los ayudó a entender cómo cocinaban y qué comían los habitantes de este pueblo.

Julia: Nadie sabe con exactitud por qué los indígenas se marcharon, pero los científicos siguen investigando.

Tomás: Me encantaría quedarme más tiempo.

ruinas

478

Quinta escena

LUGAR
Las montañas San Gabriel en California
- - - - - - - - - - - - - - - -

Papá: Hoy estamos en las montañas San Gabriel en California.

Mamá: Ésta es nuestra última parada antes de llegar a la costa del Pacífico.

Camila: Viajamos todo el día para llegar hasta aquí. Hicimos una sola parada, cuando el sol empezaba a ocultarse detrás de esas montañas majestuosas.

Nicolás: Fue impresionante.

Mamá: Mañana iremos en bicicleta hasta la cima de una de las montañas.

Julia: ¡Yo seré la primera en llegar a la cumbre!

Tomás: ¡Eso habrá que verlo!

Camila: ¡Los dos tendrán que ganarme!

> **Clave para leer con fluidez**
>
> Puedes separar las oraciones largas en frases cortas para leerlas con más fluidez.

Montañas San Gabriel

479

Sexta escena

LUGAR
La playa de Santa Monica, California
- - - - - - - - - - - - - - - - -

Camila: ¡Por fin llegamos a la costa de California! La tía Francisca vive a unos minutos de aquí.

Nicolás: El viaje duró catorce días. Todos estamos muy alegres.

Tomás: ¡Éste es el océano más grande del mundo!

Camila: Ahora iremos a nadar.

Julia: ¡Yo voy a practicar *surf*!

Nicolás: Espero que el agua esté caliente. ¡He oído decir que el agua del Pacífico es muy fría!

Mamá: ¡Gracias por acompañarnos en este recorrido en vídeo por Estados Unidos!

Papá: ¡El último en llegar al agua es una gallina!

Todos: ¡A correr se ha dicho! ¡Adiós!

Clave para leer con fluidez

Los signos de exclamación te permiten saber si alguien está emocionado.

puesto de salvavidas

ESTRATEGIAS DE COMPRENSIÓN
Repaso

Lectura de un texto funcional

Enlace a la lectura para obtener información

Los textos funcionales son textos que las personas leen a diario. Pueden encontrarse en una caja de cereales, en el periódico e, incluso, en la guía telefónica. Las personas usan los textos funcionales para poder responder preguntas y cumplir con sus tareas.

Lee las notas de la página 483 para conocer distintos tipos de textos funcionales.

Repasar las estrategias de enfoque

Usa las estrategias que has aprendido sobre este tema para leer un texto funcional.

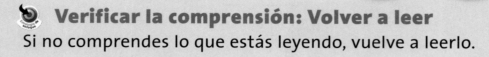

Usar organizadores gráficos
Los organizadores gráficos pueden ayudarte a organizar la información.

Verificar la comprensión: Volver a leer
Si no comprendes lo que estás leyendo, vuelve a leerlo.

Usa las estrategias de comprensión para leer "La seguridad", páginas 484–485.

INSTRUCCIONES
Las instrucciones te indican cómo hacer algo.

Seguridad en el agua

Nadar en una piscina de agua fresca es una manera de combatir el calor del verano. Para nadar sin peligro, debes seguir las normas de seguridad en el agua. Nada solamente cuando haya un adulto cerca. Nada siempre con un amigo.

Seguridad sobre ruedas

Cuando montes en bicicleta, en patinete o en patines, debes tomar precauciones. Las lesiones más graves se producen por golpes en la cabeza. Por eso, ponte siempre un casco cuando juegues sobre ruedas. Si montas en patinete o en patines, usa siempre muñequeras, rodilleras y coderas.

¿Cuál es la manera correcta de ponerse el casco?

- El casco debe colocarse en la parte superior de la cabeza, justo por encima de las cejas.
- El casco debe quedar ceñido.
- La correa del mentón debe quedar ajustada, pero no demasiado apretada.
- Las tiras traseras deben ir por detrás de las orejas; las delanteras deben ir hacia arriba y hacia abajo.

Normas de seguridad en las piscinas
- No corras.
- Nunca juegues de manera violenta.
- Salta siempre de pie.

LISTAS
En una lista se escribe lo que debes recordar sobre un tema.

LETREROS
Los letreros tienen información que se puede leer con facilidad y rápidamente.

Aplicar las estrategias Lee las siguientes páginas acerca de las precauciones que debes tomar para hacer distintas cosas de manera segura. Deja de leer en algunos momentos y piensa si estás usando las estrategias de comprensión.

LA SEGURIDAD

Seguridad sobre ruedas

Cuando montes en bicicleta, en patinete o en patines, debes tomar precauciones. Las lesiones más graves se producen por golpes en la cabeza. Por eso, ponte siempre un casco cuando juegues sobre ruedas.
Si montas en patinete o en patines, usa siempre muñequeras, rodilleras y coderas.

¿Cuál es la manera correcta de ponerse el casco?

- El casco debe colocarse en la parte superior de la cabeza, justo por encima de las cejas.

- El casco debe quedar ceñido.

- La correa del mentón debe quedar ajustada, pero no demasiado apretada.

- Las tiras traseras deben ir por detrás de las orejas; las delanteras deben ir hacia arriba y hacia abajo.

Detente a pensar

¿Sería útil el organizador gráfico para leer las instrucciones?
¿Cómo podrías usarlo? ¿Para qué sirve volver a leer el texto?

Seguridad en el agua

Nadar en una piscina de agua fresca es una manera de combatir el calor del verano. Para nadar sin peligro, debes seguir las normas de seguridad en el agua. Nada solamente cuando haya un adulto cerca. Nada siempre con un amigo.

Normas de seguridad en las piscinas

- No corras.
- Nunca juegues de manera violenta.
- Salta siempre de pie.

Cómo consultar el glosario

Conócelo

El **glosario** explica el significado de las palabras tal como se las usa en la *Edición del estudiante*. La explicación está seguida por un ejemplo en el que se muestra cómo se usa la palabra en una oración. Las palabras del **glosario** están ordenadas alfabéticamente.

Aprende a consultarlo

Si quieres encontrar la palabra *alegre* en el **glosario,** primero debes encontrar las palabras que comienzan con **A.** La **A** está al comienzo del abecedario, así que las palabras que comienzan con **A** están al comienzo del **glosario.** Luego, puedes usar las palabras guía que están en la parte superior de la página como ayuda para encontrar la entrada *alegre*. Está en la página 487.

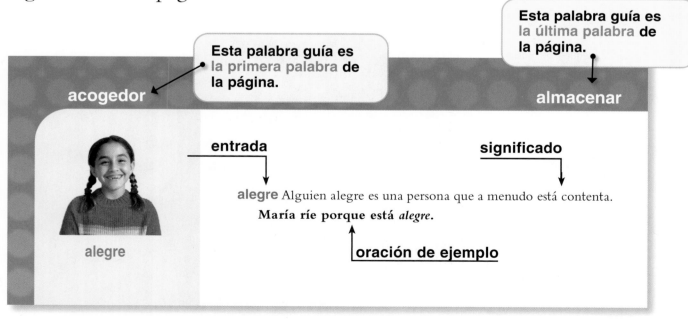

Esta palabra guía es la primera palabra de la página.

Esta palabra guía es la última palabra de la página.

acogedor

almacenar

entrada

significado

alegre Alguien alegre es una persona que a menudo está contenta. **María ríe porque está *alegre*.**

oración de ejemplo

alegre

486

A

acogedor Si un lugar es acogedor, cuando estás allí te sientes cómodo y contento. **El gatito se acurruca en un sillón *acogedor* para dormir una siesta.**

además Cuando tienes dos cosas, tienes una cosa además de otra. **Tengo dos gatos. *Además*, tengo un perro y un canario.**

admitir Admites algo cuando aceptas que es cierto aunque no te guste. **Es importante *admitir* nuestros errores.**

agarrar Cuando agarras algo, lo sujetas firmemente con tus manos. **Para escribir bien, es importante *agarrar* firmemente el lápiz.**

alegre Alguien alegre es una persona que a menudo está contenta. **María ríe porque está *alegre*.**

alfabeto El alfabeto o abecedario es una lista ordenada de todas las letras que usamos para leer y escribir. **Puedo decir el *alfabeto* de memoria.**

alimentar Si alimentas a una persona o a un animal, le das comida. **La leche es buena para *alimentar* a los cachorros.**

aliviado Si te sientes aliviado, estás tranquilo porque solucionaste un problema que te preocupaba. **Me sentí *aliviado* cuando descubrí que no había perdido los libros.**

almacenar Cuando almacenas cosas, las guardas en un lugar. **Muchas veces ayudo a mi mamá a *almacenar* la comida en la alacena.**

agarrar

alegre

487

antiguas

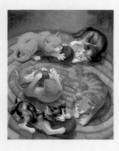

ataque

animador El animador de un programa de televisión es la persona que presenta a los invitados y conversa con ellos. **El Sr. Sánchez es el nuevo *animador* del programa.**

antiguas Si una cosa es antigua, tiene muchos años. **Mi abuelo colecciona monedas *antiguas*.**

apenas Si un vaso tiene muy poca agua, podemos decir que apenas tiene agua. **Los libros son tan pesados que *apenas* puedo cargarlos.**

área Un área es un lugar o un espacio. **En la biblioteca hay un *área* especial para revistas.**

arriesgar Si arriesgas algo, lo pones en peligro o lo pones a prueba. **Puedes *arriesgar* una respuesta, aunque no estés seguro.**

arrugadas Cuando algo está arrugado tiene pliegues irregulares. La gente plancha la ropa para que no esté arrugada. **Como las camisas estaban *arrugadas*, mi mamá las planchó.**

ataque Si un animal ataca a otro, intenta dañarlo. **Las abejas pican a cualquier enemigo que *ataque* la colmena.**

aullido Un aullido es un sonido largo y triste que hacen algunos animales, como los perros y los lobos. **En el campo, escuchamos el *aullido* de un lobo.**

auténtica Una cosa auténtica es original o verdadera. **En la primera página de mi libro está la firma *auténtica* del autor.**

B

bocado Un bocado es una porción de comida que puedes comer de una vez. **En cuanto comí el primer *bocado* de pastel, me di cuenta de que era delicioso.**

bonito Si algo es bonito, es lindo o agradable. **El regalo que me hicieron es muy** *bonito*.

clases Cuando alguien da clases, le enseña algo a un grupo de gente en una escuela o en una universidad. **La maestra da** *clases* **en la escuela.**

coleccionar Cuando coleccionas algo, guardas cosas que tienen algo en común. **Sofía quiere** *coleccionar* **muñecas.**

cómodo Cuando algo es cómodo, te hace sentir a gusto. **El sillón es muy** *cómodo*.

convencido Cuando estás convencido de algo, piensas que eso es así y no de otra manera. **Estoy** *convencido* **de que nuestro equipo ganará.**

convertido Cuando algo se convierte en otra cosa, se transforma o cambia. **La oruga se ha convertido en una mariposa.**

correctamente Cuando haces algo correctamente, lo haces sin cometer errores. **Respondió** *correctamente* **a todas las preguntas.**

crear Cuando haces algo nuevo, lo creas. **Con tus marcadores, puedes** *crear* **dibujos bonitos.**

cuerpo El cuerpo es lo que puedes ver de un animal o una persona. **El** *cuerpo* **de los osos está cubierto de pelo.**

cuidar Cuando cuidas a alguien, te aseguras de que no le pase nada malo. **Yo puedo** *cuidar* **a mi hermanito.**

coleccionar

clases

crear

cultivo

detective

cultivo Un cultivo es cualquier tipo de planta que se cuida para que crezca. El maíz y el algodón son cultivos. **El *cultivo* principal de esta granja es el maíz.**

D

desaparecer Cuando algo desaparece, no lo puedes ver ni encontrar. **El mago hizo *desaparecer* al conejo.**

descubrimiento Cuando descubres algo o te enteras de una noticia, haces un descubrimiento. **La primera vacuna fue un *descubrimiento* muy importante.**

destruido Si algo está destruido, está arruinado o completamente roto. **El reloj está *destruido* por culpa de la lluvia.**

detectives Los detectives son personas que intentan resolver misterios o encontrar al culpable de un crimen. **Los *detectives* buscan pistas para resolver el misterio.**

distancia Cuando dices a qué distancia está algo, indicas qué tan lejos o cerca está. **La *distancia* entre la casa de Lucas y el parque es corta.**

dureza Las cosas pueden ser duras o blandas, según su dureza. **Los diamantes son las rocas que tienen mayor *dureza*.**

E

elegir Cuando eliges algo, lo prefieres o lo escoges frente a otra cosa. **Siempre hay que *elegir* la mejor opción.**

encantador Si crees que algo o alguien es encantador, crees que esa cosa o esa persona es muy agradable, amable o simpática. **El nuevo maestro es *encantador*.**

enemigo Un enemigo es lo opuesto de un amigo. **Las abejas cuidan que ningún *enemigo* haga daño a la colmena.**

entonación La entonación es la manera en que suena tu voz cuando dices algo o lo lees en voz alta. **Cuando lees con una *entonación* adecuada, tu voz suena como si estuvieras hablando.**

escondido Cuando algo está escondido, está en un lugar donde nadie lo puede encontrar. **El regalo estaba *escondido* para que Nina no lo encontrara hasta su cumpleaños.**

escultor Un escultor es un artista que hace esculturas, es decir, figuras de madera, bronce, mármol u otro material. **El *escultor* hizo una estatua de un hombre famoso.**

estudiantes Todas las personas que van a la escuela o a la universidad se llaman estudiantes. **En mi escuela hay muchos *estudiantes*.**

excepto Cuando hablas de todo excepto de algo o alguien, te refieres a todo menos a eso en particular. **Todos mis hermanos, *excepto* Daniel que tiene dos años, saben leer.**

expresar Cuando expresas algo, lo dices con palabras o con gestos. **En este poema, el autor *expresa* sus sentimientos.**

expresión Una expresión es un un movimiento del cuerpo o un gesto de la cara que muestra cómo te sientes. **Martin bajó del carrusel con una expresión de alegría.**

expresividad Cuando hablas con expresividad, acompañas lo que dices con el tono de tu voz o con gestos. Para leer expresivamente en voz alta, debes modificar tu voz de acuerdo con lo que pasa en el cuento o con los sentimientos de los personajes. **Leyó el poema con tanta *expresividad* que nos conmovió a todos.**

escultor

expresividad

F

fantásticos Si algo es fantástico, es maravilloso o excelente. **En mi fiesta de cumpleaños, inventamos unos juegos *fantásticos*.**

491

gracioso

instrumento

ficción Los textos de ficción cuentan una historia, inventada por el autor, que tiene personajes, escenarios y una trama. **Jerónimo sabía que el cuento era de *ficción* porque había un perro que hablaba.**

fiesta Un día de fiesta es un día que se celebra o se recuerda un hecho importante para un país. Es por esta razón que ese día no se trabaja. **Los días de *fiesta* siempre salimos de paseo con mi familia.**

fraseo Leer con un fraseo adecuado significa leer agrupando las palabras que expresan una misma idea. **Cuando Elsa aprendió a leer con un *fraseo* adecuado, su lectura comenzó a sonar más natural.**

G

género El género de un texto es el estilo en el que está escrito. **Los libros que más me gustan son del *género* "biografía".**

gracioso Cuando algo es gracioso, es muy divertido y te hace reír. **El payaso es muy *gracioso*.**

H

histórico Un lugar es histórico si allí pasó algo importante para la historia. **La casa de Abraham Lincoln es un sitio *histórico*.**

I

importante Si algo es importante, tiene mucho valor o interés para alguien. **Escribir bien es *importante*.**

impresionante Si algo es impresionante, es muy especial y difícil de olvidar. **El discurso de Lisa fue *impresionante*.**

instrumento Un instrumento musical es algo que se toca para hacer música, como el piano, la guitarra o los tambores. **Voy a aprender a tocar un *instrumento*.**

L

lentamente Cuando haces algo lentamente, lo haces despacio y sin prisa. **Esta mañana me vestí *lentamente* pues tenía tiempo para llegar a la escuela.**

M

majestuosa Si algo es majestuoso, parece muy importante y grandioso, como un rey o una reina. **La montaña era *majestuosa*.**

maravilloso Si piensas que algo es maravilloso, crees que es especialmente bueno o bonito. **Pasamos un día *maravilloso* en el lago.**

mismo Cuando algo es lo mismo que otra cosa, es exactamente igual. **Nuestros vestidos son del *mismo* color.**

momentos Un momento es una porción pequeña de tiempo. **En las vacaciones, pasamos buenos *momentos*.**

moneda Una moneda es una pieza redonda de metal que sirve para comprar cosas. **Puse una *moneda* de veinticinco centavos en mi alcancía.**

museo Un museo es un lugar que la gente visita para ver obras de arte y otras cosas importantes para la cultura, la historia, el arte o la ciencia. **Vimos muchas pinturas famosas en el *museo*.**

música La música es una combinación agradable de sonidos. **Escuchamos *música* en un concierto.**

majestuosa

moneda

oscuro

pensar

no ficción Los textos de no ficción dan información acerca de un tema. **Como Juan quería saber más sobre los dinosaurios, buscó un libro de *no ficción* sobre ese tema.**

opinión Cuando das tu opinión sobre un asunto, dices lo que piensas acerca de eso. **Hay que respetar la *opinión* de todos.**

oscuro Un lugar oscuro es un lugar donde no hay luz. **A la noche, todo está *oscuro*.**

P

palabras Las palabras son las mínimas unidades de la lengua que tienen significado. **Sé escribir algunas *palabras* en inglés.**

pensar Cuando piensas en algo, formas una idea acerca de eso. **Antes de escribir, tienes que *pensar* en lo que quieres decir.**

personalidad Tu personalidad es la forma en la que actúas, piensas y sientes. Es lo que te hace único. **Carolina tiene una *personalidad* muy agradable.**

pisadas Cuando das una pisada, apoyas tu pie en el piso. **Los niños entraron corriendo y el ruido de sus *pisadas* despertó al abuelo.**

practicar Si practicas cómo hacer algo, lo haces a menudo y cada día mejor. **Para tocar bien el piano, hay que *practicar* todos los días.**

precisión Cuando haces algo con precisión, no cometes errores. **Dani leyó el poema sin cometer errores y la maestra lo felicitó por su *precisión*.**

premio Un premio es una recompensa que se le da a alguien por haber hecho algo importante. **Daniela recibió un *premio* por tener su escritorio siempre ordenado.**

probable Si es probable que algo pase, esperas que suceda. **Es *probable* que llueva, porque hay muchas nubes.**

pueblo Un pueblo es un lugar con varias casas donde vive gente. Es más pequeño que una ciudad. **Vivo en un *pueblo* cerca del mar.**

puntuación Los signos de puntuación se usan para indicar el sentido de las frases a los lectores. **Algunos signos de *puntuación*, como los puntos, van al final de la oración.**

premio

R

rato Un rato es un lapso breve de tiempo. **Voy a dormir un *rato* antes de hacer la tarea.**

regresar Cuando regresas a un lugar, vuelves allí. **Para *regresar* a casa, tomo el autobús.**

resplandecer Si algo resplandece, brilla. **Veo las estrellas *resplandecer* en el cielo.**

responder Si respondes una pregunta, la contestas. **Celeste levanta la mano cuando quiere *responder* una pregunta de su maestro.**

retraso Si algo o alguien está con retraso, llegará más tarde de lo que pensaba. **El avión llegó con un *retraso* de cuarenta minutos.**

ritmo El ritmo es lo que diferencia una canción rápida de una lenta. Puedes marcar el ritmo de una canción con palmadas o golpecitos. **La canción tiene un *ritmo* rápido.**

responder

saborear

servir

ritmo de lectura El ritmo de lectura es la velocidad a la que puedes leer correctamente y comprender lo que lees. **Cuanto más libros lee José, más rápido es su *ritmo de lectura.***

S

saborear Cuando saboreas una comida, sientes el gusto que tiene. **Rosa *saborea* el helado.**

seguras Cuando en un lugar no hay ningún peligro, ese lugar es seguro. **Los pájaros hacen sus nidos en las ramas más *seguras* del árbol.**

sencillo Cuando algo es sencillo, es simple o fácil de hacer. **Mi mamá me enseñó a preparar un pastel *sencillo.***

serio Cuando algo es serio, es importante y no gracioso. **Una alarma de incendio es un asunto *serio.***

servir Cuando sirves a alguien, trabajas para esa persona, o haces lo que desea o necesita. **El alcalde debe *servir* a los habitantes de la ciudad.**

sílaba Una sílaba es la parte más pequeña de una palabra que incluye una vocal. **"Casa" es una palabra que tiene dos *sílabas.***

silencio Cuando alguien está en silencio, no hace ningún ruido. **Hicimos *silencio* para escuchar la canción.**

sueño Un sueño es algo que imaginas cuando duermes o algo que quieres que pase. **Ayer tuve un *sueño* muy gracioso.**

superficie La superficie de algo es su parte externa. **La *superficie* de la Tierra está formada por los continentes y los océanos.**

tierra La tierra es la materia que forma el suelo donde crecen las plantas. **El granjero plantó semillas en la *tierra*.**

título El título de un cuento o una película es el nombre por el cual se lo conoce. **El *título* de mi cuento favorito es "Blancanieves".**

valiosas Algo es valioso cuando es apreciado, útil o caro. **Las piedras preciosas, como los diamantes, son *valiosas*.**

ventajas Si algo tiene una ventaja, tiene algo bueno. **Una de las *ventajas* de saber leer en otros idiomas, es que te puedes comunicar con gente que vive en otros países.**

visitar Si visitas a alguien, vas a su casa para verlo. **Todos los fines de semana, vamos a *visitar* a mis abuelos.**

volumen El volumen de un sonido es lo que hace que sea fuerte o suave. Cuando quieres que la televisión suene más fuerte, puedes subir el volumen. **El *volumen* del radio está tan bajo que no la puedo escuchar.**

tierra

valiosas

Índice de títulos y autores

Los números de las páginas en verde hacen referencia a la información biográfica.

For permission to translate/reprint copyrighted material, grateful acknowledgment is made to the following sources:

Boyds Mills Press, Inc.: "Mischievous Goat," "Farm Family," and "When My Cow Goes Dancing" from *Beyond Old MacDonald: Funny Poems from Down on the Farm* by Charley Hoce, illustrated by Eugenie Fernandes. Text copyright © 2005 by Charley Hoce; illustrations copyright © 2005 by Eugenie Fernandes. Published by Wordsong, an imprint of Boyds Mills Press.

Capstone Press: From *Saving Money* by Mary Firestone. Text copyright © 2005 by Capstone Press. From *South Korea* by Susan E. Haberle, map by Nancy Steers. Text and map copyright © 2005 by Capstone Press.

Children's Better Health Institute, Indianapolis, IN: From "Be Sun Safe" by Daniel Lee in *U.S. Kids* Magazine, July/August 2004. Text copyright © 2004 by Children's Better Health Institute, Benjamin Franklin Literary & Medical Society, Inc.

The Cricket Magazine Group, a division of Carus Publishing Company: From "Chimp Computer Whiz" in *Ask* Magazine, March 2006. Text © 2006 by Carus Publishing Company.

Farrar, Straus and Giroux, LLC: "Pebbles" from *All the Small Poems and Fourteen More* by Valerie Worth. Text copyright © 1987, 1994 by Valerie Worth.

Harcourt, Inc.: *Mr. Putter & Tabby Write the Book* by Cynthia Rylant, illustrated by Arthur Howard. Text copyright © 2004 by Cynthia Rylant; illustrations copyright © 2004 by Arthur Howard.

HarperCollins Publishers: From *Ah, Music!* by Aliki. Copyright © 2003 by Aliki Brandenberg. *Let's Go Rock Collecting* by Roma Gans, illustrated by Holly Keller. Text copyright © 1984, 1997 by Roma Gans; illustrations copyright © 1997 by Holly Keller. *A Chair for My Mother* by Vera B. Williams. Copyright © 1982 by Vera B. Williams.

Heinemann-Raintree, Chicago, IL: From *The Bee* by Sabrina Crewe, illustrated by Stuart Lafford. Text and illustrations copyright © 1997 by Steck-Vaughn Company.

Houghton Mifflin Company: *Serious Farm* by Tim Egan. Copyright © 2003 by Tim Egan.

Just Us Books, Inc.: *Annie's Gifts* by Angela Shelf Medearis, illustrated by Anna Rich. Text copyright 1994 by Angela Shelf Medearis; illustrations copyright 1994 by Anna Rich.

Lee & Low Books, Inc., New York, NY 10016: *Where on Earth Is My Bagel?* by Frances Park and Ginger Park, illustrated by Grace Lin. Text copyright © 2001 by Frances Park and Ginger Park; illustrations copyright © 2001 by Grace Lin.

National Wildlife Federation®: From "Nutty Facts About Peanuts" by Gail Skroback Hennessey in *Ranger Rick®* Magazine, January 2004. Text copyright 2004 by the National Wildlife Federation®.

National Wildlife Federation® and Danielle Jones: Illustrations by Danielle Jones from "Nutty Facts About Peanuts" by Gail Skroback Hennessey in *Ranger Rick®* Magazine, January 2004. Illustrations © 2004 by Danielle Jones.

Northland Publishing, Flagstaff, AZ 86002: *My Name Is Gabriela/Me llamo Gabriela* by Monica Brown, illustrated by John Parra. Text copyright © 2005 by Monica Brown; illustrations copyright © 2005 by John Parra, Vicki Prentice Associates, Inc. NYC.

Random House Children's Books, a division of Random House, Inc., New York, NY: *The Lizard and the Sun/La lagartija y el sol* by Alma Flor Ada, illustrated by Felipe Dávalos. Text copyright © 1997 by Alma Flor Ada; illustrations copyright © 1997 by Felipe Dávalos.

Charnan Simon: "Watching in the Wild" by Charnan Simon. Text copyright 2004 by Charnan Simon. Originally published in *Click* Magazine, January 2004.

Simon & Schuster Books for Young Readers, an imprint of Simon & Schuster Children's Publishing Division: "Sarah Enters a Painting" from *Mrs. Brown on Exhibit and Other Museum Poems* by Susan Katz, illustrated by R. W. Alley. Text copyright © 2002 by Susan Katz; illustrations copyright © 2002 by R. W. Alley.

Viking Children's Books, A Division of Penguin Young Readers Group, A Member of Penguin Group (USA) Inc., 345 Hudson Street, New York, NY 10014: "A Time for Patience" from *Fables from Aesop*, retold and illustrated by Tom Lynch. Copyright © 2000 by Tom Lynch.

Weekly Reader Corporation: From "Be Wheel Safe" and "Be Water Safe" (Retitled: "Summer Safety") in *Weekly Reader* Magazine, Edition 2, May 2, 2003. Text published and copyrighted by Weekly Reader Corporation.

Photo Credits
Placement Key; (t) top; (b) bottom; (l) left; (r) right; (c) center; (bg) background; (fg) foreground; (i) inset

19 (tr) Klaus Hackenberg/zefa/Corbis; 94 (c)Robert Llewellyn/Corbis; 94 (cr) Virgo/zefa/Corbis; 95 (tl) Erin Patrice O'Brien/Getty Images; 95 (c)Steve Campbell/Getty Images; 119 (tr) The Granger Collection, New York; 164 (bl) From PhotoDisc's the Object's Series; 275; (tr) Richard Bickel/Corbis; 275 (l) Silver Image; 282 (tr) Shutterstock; 282 (t) Shutterstock; 283 (tr) Paul Kennedy / LPI; 324 (br) Rita Maas/Dynamic Graphics/Jupiterimages; 365 (tr) Kevin Cozad/O'Brien Productions/Corbis; 395 (cl) Brand X/SuperStock; 395 (bl) Ryan McVay/Taxi/Getty Images; 464 (bl) Danny Lee.

All other photos © Harcourt School Publishers. Harcourt photos provided by Harcourt Index, Harcourt IPR, and Harcourt Photographers: Weronica Ankarorn, Eric Camden, Doug DuKane, Ken Kinsie, April Riehm and Steve Williams.

Illustration Credits
Cover Art; Laura and Eric Ovresat, Artlab, Inc.